Patchworkfamilie absichern

Der Ratgeber, um rechtlich und finanziell auf der sicheren Seite zu sein

Dr. Otto N. Bretzinger

WOLTERS KLUWER | STEUERTIPPS

Postfach 10 01 61 · 68001 Mannheim
Telefon 0621/8626262
Telefax 0621/8626263
www.steuertipps.de

1. Auflage
Stand: Juni 2024

Zum Zwecke der besseren Lesbarkeit verwenden wir allgemein die grammatisch männliche Form. Selbstverständlich meinen wir aber bei Personenbezeichnungen immer alle Menschen unabhängig von ihrer jeweiligen geschlechtlichen Identität.

Redaktion: Dr. Torsten Hahn, Benedikt Naglik

Geschäftsführer: Christoph Schmidt, Stefan Wahle

Layout und Umschlaggestaltung: futurweiss kommunikationen, Wiesbaden

Bildquelle: ©Vorda Berge – stock.adobe.com

Printed in Poland

ISBN 978-3-96533-373-4

Vorwort

Patchworkfamilie ist ein anderer Ausdruck für eine Stieffamilie. Darunter ist eine Familie zu verstehen, in der mindestens ein Kind mit einem Elternteil und dem neuen Partner des Elternteils zusammenlebt. Häufig leben in einer Patchworkfamilie sowohl gemeinschaftliche Kinder der Partner als auch Kinder aus vorherigen Partnerschaften gemeinsam in einem Haushalt. Überwiegend entsteht eine Patchworkfamilie nach einer Trennung oder Scheidung der Eltern, wenn anschließend von einem leiblichen Elternteil eine neue Partnerschaft eingegangen wird. Keine Bedeutung hat in diesem Zusammenhang dann, ob die neuen Partner miteinander verheiratet sind oder in einer nichtehelichen Lebensgemeinschaft leben. In Deutschland lebt etwa jedes siebte Kind in einer Patchworkfamilie. Dieses Familienmodell gehört also längst zum Alltag.

Wenn ein Kind seine Familienverhältnisse vorstellt, könnte sich dies bei einer Patchworkfamilie ungefähr so anhören:

»Ich bin Emma und habe eine Mama, einen Papa und einen Bruder, Felix. Wir leben zusammen mit Marcus, dem Freund meiner Mutter, und seinen beiden Kindern, Tina und Tim. Ich sage immer, Tina und Tim sind meine Geschwister, aber wahrscheinlich ist das so nicht richtig. Auf jeden Fall habe ich aber noch einen Halbbruder, Max, das gemeinschaftliche Kind von Mama und Felix. Und ich habe drei Omas und Opas. Papa wohnt nicht bei uns, aber mein Bruder und ich verbringen bei ihm jedes zweite Wochenende.«

Publikationen über die Patchworkfamilie beschränken sich regelmäßig darauf, die Familienverhältnisse aus soziologischer Sicht zu betrachten. Allerdings ergibt sich aus den Familienkonstellationen, die von der Vater-Mutter-Kind-Norm abweichen, ein erhebliches Potenzial finanzieller und rechtlicher Fragen und Probleme auf mehreren Ebenen. Fakt ist: Das Familienleben in einer Patchworkfamilie wird nicht nur durch viele praktische Fragen und Probleme des Alltags belastet, wie nichteheliche Lebensgemeinschaften werden zudem Patchworkfamilien als neue Familienformen oft auch rechtlich benachteiligt. Viele Vergünstigungen, die Kernfamilien zustehen, werden Patchworkfamilien nach wie vor vorenthalten.

Dieser Ratgeber will Entscheidungshilfen bei den finanziellen und rechtlichen Fragen in einer Patchworkfamilie geben. Vorrangiges Ziel ist es, Hilfestellung bei einvernehmlichen Regelungen zu leisten. Und vor allem soll auch auf Fallstricke aufmerksam gemacht werden. So hängt beispielsweise der Umfang des Erbrechts der Kinder der Partner allein vom Zufall ab, welcher Partner als erster stirbt. Ein fehlendes Testament führt mithin zu bösen Überraschungen.

Dr. iur. Otto N. Bretzinger

Inhalt

1 Familienmodelle bei Patchworkfamilien

Im Grundsatz handelt es sich bei einer Patchworkfamilie um eine »Stieffamilie«. Darunter ist eine Familie zu verstehen, bei der mindestens ein Elternteil ein Kind aus einer früheren Beziehung in die neue Familie mitbringt, wobei das Kind zeitweise auch im Haushalt des jeweils zweiten leiblichen Elternteils leben kann.

Während der Begriff »Stieffamilie« besonders in der Rechtssprache verwendet wird, ist der Begriff »Patchworkfamilie« umgangssprachlich bedeutender. Der Begriff »Patchwork« stammt aus dem Englischen und bedeutet so viel wie »Flickenwerk«. In Patchworkfamilien werden die Familienmitglieder wie ein Flickenwerk neu zusammengesetzt.

Als Patchworkfamilie werden vielfältige Beziehungskonstellationen in Familien bezeichnet, in denen Elternschaft gelebt wird. Es gibt nicht »die« Patchworkfamilie, sondern verschiedene Familienmodelle. Grundsätzlich ist es so, dass entweder zu den leiblichen Elternteilen ein sozialer Elternteil hinzutritt oder ein verstorbener Elternteil durch einen sozialen Elternteil »ersetzt« wird. Vereinfacht ausgedrückt bezeichnet man als Patchworkfamilie Familien, in denen sowohl gemeinschaftliche Kinder als auch Kinder aus vorherigen Partnerschaften gemeinsam in einem Haushalt leben. Man spricht allerdings auch schon von einer Patchworkfamilie, wenn die neuen Partner (noch) keine gemeinschaftlichen Kinder haben.

Häufig entsteht eine Patchworkfamilie nach einer Trennung oder Scheidung der Eltern, wenn anschließend von einem leiblichen Elternteil eine neue Partnerschaft eingegangen wird. Keine Bedeutung hat in diesem Zusammenhang dann, ob die neuen Partner miteinander verheiratet sind oder in einer nichtehelichen Lebensgemeinschaft leben.

Eine Patchworkfamilie weicht vom klassischen Vater-Mutter-Kind-Ideal ab und hat daher viele Gesichter. Sie besteht aus mindestens einem Kind, einem Elternteil und dem neuen Partner des Elternteils, die zusammenleben. Oft wird die Familie noch durch die Geburt gemeinsamer Kinder der aktuellen Partner erweitert. Es gibt dann unter Umständen in der Familie leibliche Kinder, Halbgeschwister und Stiefgeschwister. Häufig treten Patchworkfamilien in folgenden Konstellationen auf:

- In einer Familie besteht zwischen dem Kind bzw. den Kindern nur mit einem Erwachsenen ein Elternschaftsverhältnis (Stiefmutter- bzw. Stiefvaterfamilie).
- In einer Familie haben beide Erwachsene eigene Kinder, die im gemeinsamen Haushalt leben. Gemeinschaftliche Kinder sind (noch) nicht vorhanden (zusammengesetzte Stieffamilie).
- In einer Familie leben im Haushalt sowohl gemeinschaftliche Kinder als auch Kinder aus vorherigen Partnerschaften (komplexe Stieffamilie).

Ebenso wie bei einer Familie, in der ein Partner bereits eine gescheiterte Beziehung hinter sich hat, eine neue Beziehung eingeht und eigene Kinder in die neue Beziehung mit einbringt, handelt es sich auch bei nichtehelichen Lebenspartnerschaften mit Kindern, einer Pflegefamilie oder Adoptivfamilie um eine Patchworkfamilie.

2 Finanzielle und rechtliche Beziehungen der Partner

Wenn im Rahmen einer Patchworkfamilie zwei Personen eine Partnerschaft eingehen, gelten für die Partner bestimmte finanzielle Rahmenbedingungen, ferner sind damit für sie rechtliche Folgen verbunden. Nicht zuletzt ist dabei von Bedeutung, ob die Partner miteinander verheiratet sind oder in einer nichtehelichen Lebensgemeinschaft leben.

2.1 Verheiratete Partner

Die Ehe ist für die Partner in einer Patchworkfamilie mit weitreichenden und teilweise komplizierten Rechtsfolgen verbunden. Kraft Gesetzes sind Ehepartner einander zur ehelichen Lebensgemeinschaft verpflichtet und tragen füreinander Verantwortung. Konkret ergeben sich daraus für die Ehepartner unter anderem folgende allgemeine Pflichten:

- **Zusammenleben in häuslicher Gemeinschaft:** Die Verpflichtung zur ehelichen Lebensgemeinschaft verlangt ein Zusammenleben in häuslicher Gemeinschaft, sofern die Eheleute nicht in gegenseitigem Einvernehmen eine andere Lebensgestaltung vereinbart haben.
- **Beistandspflicht:** Zur ehelichen Lebensgemeinschaft gehört die Beistandspflicht. Daraus resultiert etwa die Pflicht, unter Umständen im Betrieb des anderen mitzuarbeiten und dem anderen Ehepartner bei der Kindererziehung beizustehen, nicht aber die Pflege des schwerstbehinderten Ehepartners zu übernehmen.
- **Gegenseitige Rücksichtnahme:** Die Ehepartner sind zur gegenseitigen Rücksichtnahme verpflichtet. Konkret ergibt sich daraus beispielsweise die Pflicht, die eigene Gesundheit wiederherzustellen und den Missbrauch von Alkohol, Drogen oder Medikamenten zu unterlassen oder einzustellen, das religiöse Bekenntnis des anderen zu tolerieren oder die eigene Lebensform dem anderen nicht aufzuzwingen.

- **Gemeinsame Angelegenheiten:** Zur ehelichen Gemeinschaft gehört die Sorge um die gemeinsamen Angelegenheiten wie etwa die Kinderbetreuung und die Freizeitgestaltung. Dies betrifft auch die Verteilung von Haushaltsführung und Erwerbstätigkeit.
- **Eheliche Treue:** Ehepartner sind zur ehelichen Treue verpflichtet. An Vereinbarungen über Familienplanung sind sie allerdings nicht gebunden. Es besteht auch kein Anspruch, vom anderen Ehepartner die Zeugung oder den Empfang eines Kindes zu verlangen.
- **Finanzielle Lasten:** Aus dem Wesen der ehelichen Gemeinschaft folgt die Pflicht zur Minimierung der finanziellen Lasten des anderen, soweit dies ohne Verletzung der eigenen Interessen möglich ist. Konkret besteht in diesem Zusammenhang etwa die gegenseitige Pflicht zur Mitwirkung an einer gemeinsamen steuerlichen Veranlagung.
- **Haushaltsgegenstände:** Jeder Ehepartner muss dem anderen die Mitbenutzung der ihm gehörenden Haushaltsgegenstände gewähren. Ausgenommen sind Gegenstände, die ausschließlich dem persönlichen Gebrauch des Eigentümers dienen.
- **Ehewohnung:** Jeder Ehepartner ist auch zur Mitbenutzung der Ehewohnung berechtigt, und zwar gleichgültig, welcher Ehepartner Eigentümer oder Mieter der Wohnung ist.

Über diese allgemeinen Pflichten hinaus entfaltet die Ehe weitere Wirkungen. Sie betreffen sowohl das Verhältnis der Ehepartner untereinander (u.a. Anspruch auf ehelichen Unterhalt, Haushaltsführung und Erwerbstätigkeit) als auch die Beziehungen der Eheleute nach außen (z.B. Vertretung durch einen Ehepartner bei Geschäften zur angemessenen Deckung des Lebensbedarfs der Familie).

2.1.1 Gegenseitiges Vertretungsrecht der Ehepartner

Bei Geschäften, die der angemessenen Deckung des Lebensbedarfs der Familie dienen, darf ein Ehepartner den anderen Partner vertreten. Dieser wird dann aus dem Geschäft mitberechtigt und -verpflichtet. Ein befristetes gesetzliches Notvertretungsrecht besteht in Angelegenheiten der Gesundheitssorge, wenn eine akut eingetretene gesundheitliche Beeinträchtigung des Ehepartners wegen eines Unfalls oder einer Erkrankung eine ärztliche Akutversorgung notwendig macht.

Vertretung in Geschäften zur angemessenen Deckung des Lebensbedarfs

Jeder Ehepartner in einer Patchworkfamilie ist berechtigt, Geschäfte zur angemessenen Deckung des Lebensbedarfs der Familie mit Wirkung auch für den anderen Ehepartner zu besorgen. Durch solche Geschäfte werden grundsätzlich beide Ehepartner berechtigt und verpflichtet. Diese sogenannte Schlüsselgewalt steht jedem Ehepartner zu, gleichgültig ob er den Haushalt führt oder nicht.

Achtung: Die Schlüsselgewalt gilt bei jedem ehelichen Güterstand, also auch beim Wahlgüterstand der Gütertrennung.

Voraussetzungen

Um ein Geschäft eines Ehepartners, durch das der andere Ehepartner mitberechtigt und -verpflichtet wird, handelt es sich dann, wenn

- das Geschäft seiner Art nach der Deckung des Lebensbedarfs dient,
- das Geschäft im konkreten Fall der individuellen Bedarfsdeckung der Familie, also der jeweils betroffenen Familie dienen soll, und
- die Bedarfsdeckung angemessen ist, sie sich also im Rahmen der wirtschaftlichen Verhältnisse und Lebensgewohnheiten dieser Familie hält.

Achtung: Die Schlüsselgewalt gilt nur, solange die Ehe besteht, also nicht mehr nach Aufhebung der Ehe, nach Scheidung und beim Tod des Ehepartners. Das Vertretungsrecht besteht auch nicht bei getrennt lebenden Ehepartnern. In diesem Fall ruht die Schlüsselgewalt mit der Folge, dass der jeweilige Ehepartner bei einem Rechtsgeschäft nur sich selbst verpflichtet.

- **Geschäft zur privaten Lebensdeckung:** Die Schlüsselgewalt des Ehepartners ist auf solche Geschäfte beschränkt, die einen engen Bezug zur familiären Konsumgemeinschaft aufweisen. In Betracht kommen etwa Geschäfte zur Beschaffung von Nahrung und Kleidung der Familienmitglieder, der Kauf von Haushaltsgeräten und Einrichtungsgegenständen. Von der Schlüsselgewalt nicht umfasst sind Geschäfte im Berufs- oder Erwerbsbereich eines Ehepartners (z.B. der Erwerb von Fachliteratur oder eines Geschäftswagens). Geschäfte, die die Lebensbedingungen der Familie und ihrer Mitglieder grundlegend verändern, fallen nicht unter die Schlüsselgewalt. Dazu gehören beispielsweise der Erwerb eines Eigenheims, der Abschluss eines Bausparvertrags oder der Abschluss eines Maklervertrags zum Erwerb einer Wohnung. Auch Vermögensanlagen (z.B. Erwerb von Wertpapieren oder Abschluss eines Sparvertrags) werden von der Schlüsselgewalt nicht erfasst. Kreditgeschäfte unterfallen nur dann der Schlüsselgewalt, wenn die mit dem Kredit beschaffte Ware der Bedarfsdeckung dienen soll (z.B. Anschaffung von Haushaltsgeräten).
- **Bezug auf den Bedarf der Familie:** Die Vertretungsbefugnis eines Ehepartners erstreckt sich nur auf solche Rechtsgeschäfte, die ihrer Art nach den Lebensbedürfnissen beider Eheleute und der gemeinsamen unterhaltsberechtigten Kinder in der Patchworkfamilie dienen. Dazu gehören auch die persönlichen Bedürfnisse einzelner Familienmitglieder (z.B. Kleidung, Schulkosten für die Kinder), ferner Aufwendungen für die Freizeitgestaltung und für Reisen, wenn diese ein Ehepartner nach den ehelichen Lebens-

verhältnissen selbstständig zu buchen pflegt. Entsprechendes gilt für den Kauf und die Reparaturen eines Pkw für den Haushalts- und Freizeitbereich (nicht dagegen bei Verwendung des Pkw für berufliche Zwecke).

- **Angemessene Bedarfsdeckung:** Das Rechtsgeschäft eines Ehepartners unterliegt nur dann der Schlüsselgewalt, wenn es im konkreten Fall der angemessenen Bedarfsdeckung der Familie dient. Als angemessen ist ein Rechtsgeschäft zur Bedarfsdeckung anzusehen, wenn angesichts des Umfangs und der Dringlichkeit des Geschäfts eine vorherige Verständigung der Ehepartner nicht notwendig erscheint und in der Regel auch nicht stattfindet. Was demnach im Einzelfall angemessen ist, beurteilt sich auf der Grundlage der individuellen Verhältnisse. Nicht als angemessen sind im Gegenzug Rechtsgeschäfte zur Bedarfsdeckung zu betrachten, die ohne Schwierigkeiten zurückgestellt werden können und einen größeren Umfang aufweisen. Für diese Geschäfte muss grundsätzlich eine Vereinbarung der Ehepartner vorliegen. Beispielsweise gehören zum angemessenen Lebensbedarf der Familie die täglichen Einkäufe für den Haushalt (z.B. Kauf von Lebensmitteln).

Achtung: Wie oben dargelegt, erstreckt sich die Vertretungsbefugnis eines Ehepartners im Rahmen der Schlüsselgewalt nur auf solche Rechtsgeschäfte, die ihrer Art nach den Lebensbedürfnissen beider Eheleute und der gemeinsamen unterhaltsberechtigten Kinder in der Patchworkfamilie dienen. Wird durch ein Rechtsgeschäft eines Ehepartners nur der Lebensbedarf seines einseitigen Kindes in der Patchworkfamilie abgedeckt, wird der andere Ehepartner durch dieses Geschäft nicht mitverpflichtet. Kauft also beispielsweise ein Partner für sein in die Ehe eingebrachtes Kind Medikamente, so schuldet allein dieser Partner den Kaufpreis, nicht der andere Ehepartner.

Von der Schlüsselgewalt eines Ehepartners umfasst werden etwa folgende Geschäfte:

- Anschaffung von Lebensmitteln und notwendigen Kleidungsstücken für die Familie,
- Kauf von Haushaltsgeräten und Einrichtungsgegenständen,
- Reparaturaufträge für Handwerker zur Beseitigung von Schäden an der gemeinsam genutzten Ehewohnung,
- Abschluss von Energieversorgungsverträgen,
- Verträge mit Telefon- und Kabelgesellschaft,
- Ausgaben für die Kinderziehung, Spielzeug, Schulbücher und Lernmaterial im üblichen Rahmen,
- Abschluss einer Hausratversicherung,
- Beauftragung eines Rechtsanwalts zur Abwehr einer Räumungsklage betreffend die Ehewohnung,
- Anstellung und Kündigung einer Haushaltshilfe,
- Kauf von Medikamenten,
- Abschluss eines Arzt- und Krankenhausvertrags zur Behandlung eines Kindes.

Die nachfolgenden Rechtsgeschäfte sind nicht von der Schlüsselgewalt eines Ehepartners gedeckt:

- Anmietung einer Wohnung,
- Kündigung einer Wohnung und Abschluss eines Mietaufhebungsvertrags,
- Provisionsvereinbarung mit Immobilienmakler,
- Anschaffung eines Haustiers,
- Abschluss eines Pay-TV-Vertrags,
- Beauftragung eines Steuerberaters,
- Anschaffung der gesamten Wohnungseinrichtung,

- Geschäfte über Kapitalanlagen und zur Vermögensbildung,
- Kreditaufnahme zur Finanzierung eines Hausbaues,
- Maklervertrag zum Erwerb einer Wohnung.

Mitberechtigung und -verpflichtung des Ehepartners

Aus Geschäften eines Ehepartners zur Deckung des angemessenen Lebensbedarfs der Familie werden beide Ehepartner berechtigt und verpflichtet, es sei denn, dass sich aus den Umständen etwas anderes ergibt.

Die Eheleute haften aus Rechtsgeschäften im Rahmen der Schlüsselgewalt, insbesondere bei Zahlungsansprüchen, als sogenannte Gesamtschuldner. Das bedeutet, dass der Gläubiger die Leistung zwar nur einmal fordern kann, dies jedoch nach seinem Belieben ganz oder teilweise von jedem Ehepartner.

Christian Siebert kauft eine Spülmaschine für den ehelichen Haushalt. Der Kaufpreis beträgt 450,– €. Herr Siebert kann die Rechnung nicht bezahlen, weil er kein Erwerbseinkommen hat. Weil es sich um ein Geschäft zur Deckung des angemessenen Lebensbedarfs der Familie handelt, kann der Verkäufer die Zahlung auch von der Ehefrau des Käufers verlangen.

Aus Rechtsgeschäften eines Ehepartners wird der andere Ehepartner mitberechtigt. Insoweit sind beide Ehepartner Gesamtgläubiger. Das bedeutet, dass jeder Ehepartner berechtigt ist, die ganze Leistung vom Schuldner zu verlangen, der Schuldner aber die Leistung nur einmal bewirken muss. Gleichzeitig ist der Schuldner auch berechtigt, die Leistung gegenüber jedem Ehepartner zu erbringen.

Sven Keller verkauft einen zum Familienhaushalt gehörenden gebrauchten Einrichtungsgegenstand. Aus diesem unter die Schlüsselgewalt fallenden Geschäft wird auch die Ehefrau mitberechtigt. Beide Ehepartner können vom Käufer die Zahlung des Kaufpreises verlangen. Und der Käufer kann mit befreiender Wirkung an jeden Ehepartner den Kaufpreis zahlen.

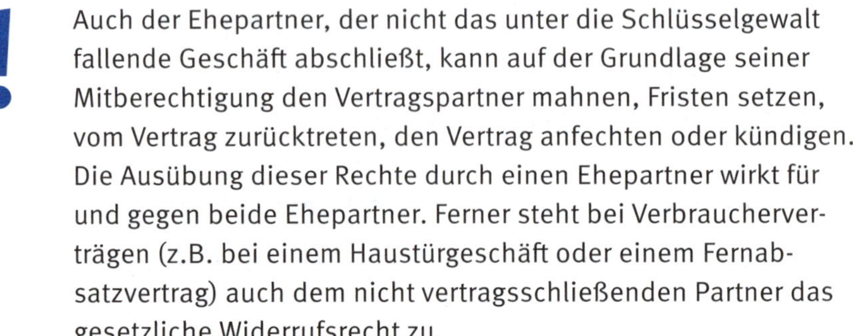

Auch der Ehepartner, der nicht das unter die Schlüsselgewalt fallende Geschäft abschließt, kann auf der Grundlage seiner Mitberechtigung den Vertragspartner mahnen, Fristen setzen, vom Vertrag zurücktreten, den Vertrag anfechten oder kündigen. Die Ausübung dieser Rechte durch einen Ehepartner wirkt für und gegen beide Ehepartner. Ferner steht bei Verbraucherverträgen (z.B. bei einem Haustürgeschäft oder einem Fernabsatzvertrag) auch dem nicht vertragsschließenden Partner das gesetzliche Widerrufsrecht zu.

Aus einem unter die Schlüsselgewalt eines Ehepartners fallenden Rechtsgeschäft wird der andere Ehepartner nicht mitverpflichtet oder mitberechtigt, wenn »sich aus den Umständen etwas anderes ergibt«. So kann beispielsweise der vertragsschließende Ehepartner gegenüber dem Vertragspartner ausdrücklich erklären, dass der andere Ehepartner nicht Vertragspartner werden soll. In diesem Fall wird dann nur der Ehepartner aus dem Geschäft berechtigt und verpflichtet, der den Vertrag abschließt.

Ausschluss und Beschränkung der Schlüsselgewalt

Jeder Ehepartner kann die Schlüsselgewalt des anderen einseitig beschränken oder ausschließen. Dies erfolgt durch formlose Erklärung gegenüber dem anderen Ehepartner oder gegenüber dem Vertragspartner (z.B. gegenüber dem Lebensmittelhändler). Der Ausschluss oder die Beschränkung kann sich auf ein einzelnes Geschäft, eine bestimmte Art von Geschäften oder auf alle unter die Schlüsselgewalt eines Ehepartners fallende Geschäfte beziehen. Dritten gegenüber (z.B. dem Vertragspartner) ist die Beschränkung oder der Ausschluss der Schlüsselgewalt nur dann wirksam, wenn sie im Güterrechtsregister eingetragen oder dem Dritten bekannt ist.

Die Schlüsselgewalt eines Ehepartners kann nur beschränkt oder ausgeschlossen werden, wenn dieser nicht fähig ist, die Geschäfte zur angemessenen Deckung des Lebensbedarfs der Familie zu besorgen (z.B. bei Verschwendungssucht) oder er seine Vertretungsbefugnis missbraucht (z.B. um den anderen Ehepartner zu schikanieren). Gegen die Beschränkung oder den Ausschluss der Vertretungsbefugnis kann sich der betroffene Ehepartner wehren, indem er beim Familiengericht Antrag auf Aufhebung der Maßnahme stellt. Das Gericht prüft dann, ob ein Grund für die Beschränkung oder den Ausschluss vorliegt.

Notvertretungsrecht in Angelegenheiten der Gesundheitssorge

In Akut- oder Notsituationen kann ein Ehepartner zeitlich begrenzt den handlungsunfähigen Partner in einer Krankheitssituation vertreten. Das Vertretungsrecht beschränkt sich auf die Angelegenheiten der Gesundheitssorge und damit eng zusammenhängende Angelegenheiten. Es setzt voraus, dass der behandelnde Arzt bestätigt hat, dass der vertretene Ehepartner aufgrund von Bewusstlosigkeit oder einer Krankheit diese Angelegenheiten rechtlich nicht besorgen kann.

Voraussetzungen

Das Vertretungsrecht des (vertretenden) Ehepartners besteht nur und soweit der andere (vertretene) Ehepartner aufgrund von Bewusstlosigkeit oder einer Krankheit nicht in der Lage ist, seine Angelegenheiten der Gesundheitssorge rechtlich zu besorgen.

Umfang des Ehegattenvertretungsrechts

Das Vertretungsrecht des Ehepartners beschränkt sich auf Entscheidungen und Maßnahmen der Gesundheitssorge in der Akutphase, ferner auf Rechtsgeschäfte, die im engen Zusammenhang mit der Gesundheitssorge stehen und häufig unmittelbar nach dem Beginn der Handlungsunfähigkeit geregelt werden müssen.

Der vertretende Ehepartner ist berechtigt, für den vertretenen Partner

- in Untersuchungen des Gesundheitszustands, Heilbehandlungen oder ärztliche Eingriffe einzuwilligen oder sie zu untersagen sowie ärztliche Aufklärungen entgegenzunehmen;
- Behandlungsverträge, Krankenhausverträge oder Verträge über eilige Maßnahmen der Rehabilitation und der Pflege abzuschließen und durchzuführen;
- über freiheitsentziehende Maßnahmen (z.B. Anbringen eines Bettgitters oder Beckengurts, Verabreichen sedierender Mittel) zu entscheiden, sofern die Dauer der Maßnahme im Einzelfall sechs Wochen nicht überschreitet;
- Ansprüche, die dem vertretenen Ehepartner aus Anlass der Erkrankung gegenüber Dritten zustehen (z.B. Versicherungsleistungen oder Beihilfeansprüche), geltend zu machen und an die Leistungserbringer (z.B. den Arzt oder den Krankenhausträger) abzutreten oder Zahlung an diese zu verlangen.

Liegen die Voraussetzungen für das gesetzliche Vertretungsrecht des Ehepartners vor, sind die behandelnden Ärzte von der Schweigepflicht gegenüber dem vertretenden Ehepartner entbunden. Der vertretende Ehepartner ist auch berechtigt, die Krankenunterlagen des vertretenen Ehepartners einzusehen und ihre Weitergabe an Dritte zu bewilligen.

Zeitliche Befristung

Das gesetzliche Vertretungsrecht der Ehepartner in Angelegenheiten der Gesundheitssorge ist zeitlich auf sechs Monate beschränkt. Die Frist beginnt ab dem Zeitpunkt, zu dem der behandelnde Arzt die Voraussetzungen für den Eintritt des Vertretungsrechts, nämlich eine Bewusstlosigkeit oder Krankheit, aufgrund derer der Ehepartner seine Angelegenheiten der Gesundheitssorge rechtlich nicht besorgen kann, festgestellt hat.

Ausschluss des Ehegattenvertretungsrechts

In folgenden Fällen ist der Ehepartner nicht vertretungsberechtigt:

- Keine Vertretungsbefugnis besteht, wenn die Ehepartner getrennt leben.
- Die Vertretungsbefugnis besteht auch nicht, wenn dem vertretenden Ehepartner oder dem behandelnden Arzt bekannt ist, dass der vertretene Ehepartner eine Vertretung ablehnt oder eine andere Person bevollmächtigt hat (z.B. durch eine Vorsorgevollmacht).
- Ausgeschlossen ist das Vertretungsrecht des Ehepartners auch, soweit für den vertretenen Ehepartner ein Betreuer bestellt ist und dessen Aufgabenkreis die oben genannten Angelegenheiten der Gesundheitssorge ganz oder teilweise umfasst.

2.1.2 Finanzielle Beziehungen

Die finanziellen Beziehungen der Eheleute in einer Patchworkfamilie werden durch das sogenannte eheliche Güterrecht geregelt. Dabei geht es um die Frage, wem das während der Ehe erworbene Vermögen gehört, wer es verwaltet und wie das Vermögen nach Beendigung der Ehe verteilt wird. Maßgebend ist in diesem Zusammenhang der jeweilige familienrechtliche Güterstand.

Gesetzlicher Güterstand ist die Zugewinngemeinschaft. Sofern also zwischen den Ehepartnern nichts anderes vereinbart ist, ist dieser Güterstand maßgebend. Statt des Güterstands der Zugewinngemeinschaft können die Ehepartner auch einen anderen Güterstand wählen; sie können durch Ehevertrag entweder die Gütertrennung oder die Gütergemeinschaft vereinbaren.

Zugewinngemeinschaft

Soweit von den Ehepartnern durch Ehevertrag nichts anderes vereinbart ist, leben sie im Güterstand der Zugewinngemeinschaft. Dieser Güterstand stellt letztlich eine Art Gütertrennung dar, wobei der Zugewinn nach Beendigung des Güterstands zwischen den Ehepartnern ausgeglichen wird.

Achtung: Der Begriff »Zugewinngemeinschaft« ist irreführend, weil er fälschlicherweise den Eindruck vermittelt, dass es durch die Eheschließung zu einer Vermögensgemeinschaft zwischen den Ehepartnern kommt. Dem ist allerdings nicht so. Die Zugewinngemeinschaft bewirkt weder gemeinschaftliches Vermögen noch eine Haftung für die Schulden des anderen Ehepartners. Lediglich bei Beendigung der Ehe durch Scheidung oder Tod eines Ehepartners kommt es zu einem Ausgleich des während der Ehe von den Eheleuten erzielten Zugewinns.

Voreheliches Vermögen

Jeder Ehepartner behält sein Vermögen, das er in die Ehe einbringt. Er bleibt alleiniger Eigentümer. Durch die Eheschließung wird also kein gemeinschaftliches Vermögen beider Ehepartner begründet. Das gilt unabhängig davon, um welches Vermögen es sich handelt, ob Geld- oder Immobilienvermögen, Sachvermögen (z.B. Auto oder Einrichtungsgegenstände) oder das Guthaben in einer Kapitallebensversicherung.

Das Anfangsvermögen des Ehepartners, also das Vermögen, das einem Ehepartner nach Abzug der Verbindlichkeiten beim Beginn der Ehe gehört, wird auch nicht in den Zugewinnausgleich im Falle einer Scheidung einbezogen (Näheres dazu unter 8.6.1).

Vermögenserwerb in der Ehe

Kennzeichnend für den gesetzlichen Güterstand der Zugewinngemeinschaft ist, dass jeder Ehepartner sein Vermögen behält. Das gilt nicht nur für das Vermögen, das ein Ehepartner in die Ehe einbringt, sondern auch für das Vermögen, das ein Ehepartner nach der Eheschließung erwirbt. Das von einem Ehepartner während der Ehe erworbene Vermögen wird also kein gemeinschaftliches Vermögen der Ehepartner.

Der Ehemann kauft ein Auto und schließt mit dem Autohändler einen Kaufvertrag ab. Er zahlt den vereinbarten Kaufpreis mit seinen Mitteln. Der Autohändler übergibt ihm den Wagen und den Fahrzeugbrief. Damit ist der Ehemann Eigentümer des Pkw. Die Ehefrau erwirbt kein Eigentum an dem Auto.

Auch wenn die Zugewinngemeinschaft nicht zu gemeinschaftlichem Vermögen der Eheleute führt, können diese durch ein entsprechendes Rechtsgeschäft gemeinsames Vermögen erwerben, beispielsweise als Miteigentümer.

Sonja und Lukas Maisch erwerben zu je $^1/_2$-Miteigentum eine Eigentumswohnung und werden als Miteigentümer im Grundbuch eingetragen.

Auch eine Erbschaft oder eine Schenkung während der Ehe steht allein dem Erben oder Beschenkten zu. Der andere Ehepartner kann an diesem Vermögenszuwachs nicht teilhaben. Dies gilt auch dann, wenn die Ehe durch Scheidung endet. In diesem Fall zählt die Erbschaft bzw. Schenkung zum Anfangsvermögen und unterliegt nicht dem Zugewinnausgleich (Näheres dazu unter 8.6.1).

Haftung für Schulden

Jeder Ehepartner haftet in der Zugewinngemeinschaft nur für seine eigenen Schulden und nur mit seinem eigenen Vermögen. Hiervon ausgenommen sind Geschäfte zur angemessenen Deckung des Lebensbedarfs der Familie. Für im Rahmen der Schlüsselgewalt von einem Ehepartner abgeschlossene Rechtsgeschäfte haftet kraft Gesetzes auch der andere Ehepartner (vgl. dazu 2.1.3).

Achtung: Ausnahmsweise haften beide Ehepartner auch dann, wenn sie sich gemeinsam verpflichtet haben oder ein Ehepartner durch die Übernahme einer Bürgschaft für die Erfüllung der Verbindlichkeit des anderen Ehepartners einsteht (vgl. dazu 2.1.3).

Verwaltung des Vermögens

Bei der Zugewinngemeinschaft verwaltet jeder Ehepartner sein Vermögen selbstständig und kann grundsätzlich auch frei darüber verfügen. Grundsätzlich können also die Ehepartner während der Ehe mit ihrem Vermögen tun und lassen, was sie wollen.

Lukas Freier kann seine Aktien, die er für die Altersvorsorge hält, jederzeit verkaufen. Der Zustimmung seines Ehepartners bedarf er nicht.

Vom Grundsatz der Verfügungsfreiheit innerhalb der Zugewinngemeinschaft gibt es zwei wichtige Ausnahmen.

- Will einer der Ehepartner über sein Vermögen im Ganzen oder nahezu über sein gesamtes Vermögen verfügen, benötigt er die Zustimmung des anderen Ehepartners.
- Und der Einwilligung des anderen Ehepartners bedarf es auch dann, wenn ein Ehepartner über ihm gehörende Gegenstände des ehelichen Haushalts verfügen will.

Geschäfte eines im Güterstand der Zugewinngemeinschaft lebenden Ehepartners über sein Vermögen im Ganzen sind von der Zustimmung des anderen Partners abhängig. Auf diese Weise soll einerseits das Familienvermögen erhalten bleiben, andererseits soll ein eventuell später bei einer Scheidung notwendiger Zugewinnausgleich gesichert werden. Die Zustimmungspflicht besteht nur für Geschäfte während der Zugewinngemeinschaft, Verpflichtungen vor der Heirat fallen nicht darunter.

Achtung: Ein Rechtsgeschäft eines Ehepartners unterliegt nur dann der Zustimmungspflicht des anderen, wenn es sich auf das Vermögen im Ganzen erstreckt, sei es, dass es sich dabei um das Gesamtvermögen als solches oder um ein Einzelstück oder mehrere Einzelstücke handelt. Es genügt, wenn der Geschäftsgegenstand »nahezu« das ganze Vermögen bildet. Diese Grenze liegt in der Regel bei 85 % für Aktivvermögen bis zum Wert von 250.000,– € und bei 90 %, wenn dieser Wert überschritten wird. Das Aktivvermögen ergibt sich aus der Summe aller Vermögensgegenstände; Verbindlichkeiten können nicht abgezogen werden.

Simone Freier ist Eigentümerin einer Immobilie. Daneben besitzt sie einen geleasten Pkw. Über nennenswertes Sparvermögen verfügt sie nicht. Ihr monatliches Gehalt wird für den Familienunterhalt benötigt. Die Immobilie stellt ihr Gesamtvermögen dar. Der Pkw zählt nicht zu ihrem Eigentum, weil er geleast ist. Durch den Verkauf der Immobilie würde sie über ihr Vermögen als Ganzes verfügen. Sie benötigt deshalb die Zustimmung ihres Ehepartners.

Außer bei Verfügungen über das Vermögen im Ganzen benötigt ein Ehepartner auch bei Verfügungen über ihm gehörende Haushaltsgegenstände die Zustimmung des anderen Ehepartners. Dies dient dem Schutz der Substanz des ehelichen Haushalts. Gegenstände des ehelichen Haushalts sind alle Sachen, die der Hauswirtschaft und dem familiären Zusammenleben dienen (Näheres dazu unter 2.1.7).

Der Vertrag eines Ehepartners über sein Vermögen als Ganzes oder über ihm gehörende Haushaltsgegenstände wird wirksam, wenn der andere Ehepartner ihn genehmigt. Bis zur Genehmigung ist der Vertrag schwebend unwirksam. Verweigert der zustimmungsberechtigte Ehepartner die Genehmigung, so wird der Vertrag endgültig unwirksam. Entsprach das Rechtsgeschäft den Grundsätzen einer ordnungsgemäßen Verwaltung, so kann das Familiengericht auf Antrag des Ehepartners die fehlende Zustimmung des anderen Ehepartners ersetzen, wenn dieser sie ohne Grund verweigert oder durch Krankheit oder Abwesenheit an der Abgabe der Erklärung verhindert und mit dem Aufschub Gefahr verbunden ist.

Zugewinnausgleich bei Beendigung des Güterstands

Die Besonderheit des gesetzlichen Güterstands der Zugewinngemeinschaft besteht darin, dass zunächst das Vermögen der Ehepartner rechtlich getrennt behandelt, der während der Ehe von den Ehepartnern jeweils erzielte Vermögenszuwachs aber nach Beendigung des Güterstands wieder ausgeglichen wird, was insbesondere dem Ehepartner nutzt, dem die Haushaltsführung obliegt und der in seinen Erwerbsmöglichkeiten daher beschränkt ist.

Entscheidend für die Form des Zugewinnausgleichs ist, ob die Ehe durch den Tod eines Ehepartners oder durch Scheidung endet.

- **Tod eines Ehepartners:** Endet die Ehe durch den Tod eines Ehepartners, so wird der Ausgleich des Zugewinns dadurch verwirklicht, dass sich der gesetzliche Erbteil des länger lebenden Ehepartners pauschal um ein Viertel der Erbschaft erhöht. Bei Beendigung der Zugewinngemeinschaft durch Tod eines Ehepartners erfolgt also kein rechnerischer Ausgleich des Zugewinns, sondern ein Ausgleich durch Erhöhung des gesetzlichen Erbteils.
- **Scheidung:** Endet der Güterstand der Zugewinngemeinschaft durch Scheidung, erfolgt unter den Ehepartnern ein rechnerischer Ausgleich des Zugewinns. Das Vermögen beider Eheleute bei Beginn und am Ende des Güterstands wird miteinander verglichen. Derjenige, der mehr erwirtschaftet hat, muss die Hälfte des Unterschiedsbetrags an den anderen Ehepartner zahlen. Der Ausgleich erfolgt grundsätzlich als Geldzahlung. Der Zugewinnausgleich erfolgt nicht automatisch bei der Beendigung des Güterstands, sondern muss geltend gemacht werden.

Näheres zum Zugewinnausgleich unter 8.6.

Gütertrennung

Durch einen Ehevertrag können die Ehepartner einen anderen als den gesetzlichen Güterstand der Zugewinngemeinschaft, insbesondere die Gütertrennung vereinbaren. Der Güterstand hat insbesondere auch maßgebliche Bedeutung für die Aufteilung des Vermögens im Falle der Scheidung.

Gütertrennung tritt ein, wenn die Eheleute in einem notariellen Ehevertrag diesen Güterstand ausdrücklich vereinbaren. Ferner gilt dieser Güterstand automatisch dann, wenn die Ehepartner in der Zugewinngemeinschaft den Zugewinnausgleich ausschließen oder die Zugewinngemeinschaft ausschließen, ohne einen anderen Güterstand zu vereinbaren.

Ein eigenes Unternehmen, Ehekrise oder Schutz des eigenen Vermögens – es gibt viele Gründe, den Güterstand der Zugewinngemeinschaft auszuschließen und Gütertrennung zu vereinbaren. Viele Ehepaare wollen trotz Ehe finanziell unabhängig sein und ihre wirtschaftlichen Verhältnisse voneinander trennen. Auch die Befürchtung, sich im Falle einer Scheidung mit hohen Ausgleichsforderungen auseinandersetzen zu müssen, kann der Grund dafür sein, auf die Gütertrennung zurückzugreifen. Gütertrennung ist vor allem auch für Unternehmer und Selbstständige von Vorteil, weil diese bei einer eventuellen Scheidung nicht befürchten müssen, dass für den Ausgleich des Zugewinns Betriebsvermögen herangezogen werden muss.

- Während des Bestehens der Ehe gibt es zwischen der Zugewinngemeinschaft und der Gütertrennung kaum Unterschiede. Die Vermögen beider Ehepartner sind und bleiben voneinander getrennt. Jeder Ehepartner hat sein eigenes Vermögen. Es gibt grundsätzlich kein gemeinschaftliches Vermögen. Jeder Ehepartner kann sein Vermögen allein verwalten und allein – ohne Zustimmung des anderen Ehepartners – darüber verfügen. Einen wichtigen Unterschied gibt es allerdings doch: Anders als bei der Zugewinngemeinschaft kann bei der Gütertrennung der jeweilige

Ehepartner über sein gesamtes Vermögen verfügen. Und wenn er Haushaltsgegenstände verkaufen oder verschenken will, ist hierfür nicht die Zustimmung des anderen Ehepartners erforderlich.

- Der entscheidende Unterschied zwischen der Zugewinngemeinschaft und der Gütertrennung besteht darin, dass bei der Gütertrennung weder bei der Scheidung noch bei der sonstigen Beendigung der Ehe (z.B. durch den Tod eines Ehepartners) ein Zugewinnausgleich stattfindet. Werden in Gütertrennung lebende Eheleute geschieden, haben sie grundsätzlich aus der Ehe keine vermögensrechtlichen Ansprüche gegeneinander. Jeder geht aus der Ehe mit dem Vermögen, das ihm gehört, ohne gegenüber dem anderen Ehepartner ausgleichspflichtig zu sein.

2.1.3 Haftung für Schulden

Es ist ein weitverbreiteter Irrtum, dass ein Ehepartner für Schulden seines Partners einstehen muss. Richtig ist vielmehr, dass grundsätzlich nur derjenige Ehepartner für die Verbindlichkeiten haftet, der sie eingegangen ist. Wenn also nur ein Ehepartner einen Vertrag abgeschlossen hat, dann ist nur er aus diesem Vertrag berechtigt und verpflichtet. Es besteht grundsätzlich keine Mithaftung des anderen Ehepartners.

Der Ehemann nimmt ein Darlehen bei der Bank auf. Der Darlehensvertrag wird zwischen ihm und der Bank abgeschlossen. Für die Rückzahlung des Darlehens und die Zinsen haftet allein der Ehemann. Die Ehefrau muss für die Verbindlichkeiten ihres Ehepartners gegenüber der Bank nicht einstehen.

Achtung: Der Grundsatz, dass jeder Ehepartner für seine Schulden haftet, gilt sowohl für Schulden, die er in die Ehe eingebracht hat, als auch für Verbindlichkeiten, die er während der Ehe eingeht. Und er gilt unabhängig vom Güterstand, in dem die Eheleute leben, also auch im gesetzlichen Güterstand der Zugewinngemeinschaft.

Vom Grundsatz, dass für Verbindlichkeiten eines Ehepartners nur dieser und nicht auch der andere Partner haftet, bestehen Ausnahmen. In diesen Fällen haften die Eheleute gemeinsam für die Schulden.

Mithaftung bei gemeinsamer Verpflichtung der Eheleute

Ausnahmsweise haften beide Ehepartner für Verbindlichkeiten, wenn sie sich gemeinsam verpflichtet haben. Das ist insbesondere der Fall, wenn beide Ehepartner ein Rechtsgeschäft abgeschlossen haben, aus dem mithin beide berechtigt und verpflichtet sind.

Arne und Lukas Feller nehmen bei der Bank ein Darlehen auf. Vertragspartner der Bank sind beide Ehepartner. Folglich schulden beide Partner der Bank die vereinbarten Zinsen und die Rückzahlung des Darlehens. Die Ehepartner haften als Gesamtschuldner. Das bedeutet, dass die Bank die Leistung zwar nur einmal fordern kann, dies jedoch nach ihrem Belieben ganz oder teilweise von jedem Ehepartner.

Ein Ehepartner haftet auch dann für die Schulden des anderen, wenn er durch die Übernahme einer Bürgschaft für die Erfüllung der Verbindlichkeit des anderen Ehepartners einsteht.

Für den Erwerb einer Eigentumswohnung nimmt der Ehemann ein Bankdarlehen auf. Schließt nur der Ehemann den Darlehensvertrag ab, so haftet nur er für die Rückzahlung des Darlehens, nicht auch die Ehefrau. Das gilt auch dann, wenn beide Eigentümer der Immobilie geworden sind. Nur wenn beide Ehepartner den Darlehensvertrag unterschreiben, haften beide für die Rückzahlung des Darlehens, und zwar auch dann, wenn nur der Ehemann Eigentümer der Immobilie wird. Ebenso haftet die Ehefrau, wenn zwar nur der Ehemann Darlehensnehmer ist, sie aber eine Bürgschaft übernommen hat, um das Darlehensgeschäft abzusichern.

Zwar muss grundsätzlich der Bürge für die Folgen seiner Unterschrift einstehen, auch wenn er sich dadurch überschuldet, das gilt aber nicht, wenn er durch seine Bürgschaftsverpflichtung »krass überfordert« ist und dem Kreditnehmer emotional nahesteht. Zwischen Bürge und Kreditnehmer muss ein so enges persönliches Verhältnis bestehen, wie es insbesondere bei einer Ehe vermutet werden kann, dass die ruinöse Bürgschaft allein aus emotionaler Verbundenheit mit dem Kreditnehmer übernommen wurde und die Bank dies in sittlich anstößiger Weise ausgenutzt hat. Ist ein solcher Bürge bei Vertragsschluss voraussichtlich nicht einmal in der Lage – auch bei Pfändung seines Vermögens und Einkommens – die auf die Kreditschuld anfallenden Zinsen aufzubringen, ist die Bürgschaft unwirksam und er kann vom Gläubiger nicht in Anspruch genommen werden (BGH, Az. XI ZR 50/01 und XI 81/01).

Mithaftung bei Geschäften zur angemessenen Deckung des Lebensbedarfs der Familie

Eine Ausnahme gilt auch bei Geschäften zur Deckung des angemessenen Lebensbedarfs der Familie. Bei solchen Geschäften werden beide Ehepartner berechtigt und verpflichtet. Es genügt, wenn ein Ehepartner das Geschäft abschließt. Für Verpflichtungen aus dem Geschäft haften beide Ehepartner als Gesamtschuldner. Das bedeutet, dass der Gläubiger die Leistung zwar nur einmal fordern kann, dies jedoch nach seinem Belieben ganz oder teilweise von jedem Ehepartner.

Ein Ehepartner beauftragt einen Handwerker mit der Reparatur der defekten Spülmaschine. Der Handwerker repariert das Gerät und stellt die Rechnung. Für seine Vergütung haften beide Ehepartner als Gesamtschuldner und müssen jeweils für den vollen Rechnungsbetrag einstehen.

Achtung: Weil sich die Vertretungsbefugnis eines Ehepartners im Rahmen der Schlüsselgewalt (vgl. dazu 2.1.1) nur auf solche Rechtsgeschäfte erstreckt, die ihrer Art nach den Lebensbedürfnissen beider Eheleute und der gemeinsamen unterhaltsberechtigten Kinder in der Patchworkfamilie dienen, wird durch ein Rechtsgeschäft eines Ehepartners, durch das nur der Lebensbedarf seines einseitigen Kindes in der Patchworkfamilie abgedeckt wird, der andere Ehepartner durch dieses Geschäft nicht mitverpflichtet. Schließt also ein Ehepartner beispielsweise einen Arzt- und Krankenhausvertrag zur Behandlung seines Kindes (nicht des gemeinschaftlichen Kindes mit dem Ehepartner), so schuldet allein dieser Partner die Vergütung, nicht der andere Ehepartner.

Mithaftung bei Steuerschulden

Eheleute, die zusammen zur Einkommensteuer veranlagt werden, haften gegenüber dem Finanzamt für Steuerschulden als Gesamtschuldner. Das bedeutet, dass das Finanzamt die Steuer zwar nur einmal fordern kann, dies jedoch nach seinem Belieben ganz oder teilweise von jedem Ehepartner.

Für den Fall der Vollstreckung gibt es in der Abgabenordnung die Möglichkeit, die Aufteilung der Steuer zu beantragen und damit eine Vollstreckungsbeschränkung auf den jeweiligen Steuerschuldner zu erreichen. Jeder Gesamtschuldner haftet dann nur für seine eigenen Steuerschulden. Allerdings hat das Finanzamt die Möglichkeit, nach der Aufteilung so weit in das Vermögen des schuldenfreien Ehepartners zu vollstrecken, wie ihm vom Steuerschuldner unentgeltlich Vermögen zugewendet wurde (z.B. durch Schenkungen).

2.1.4 Unterhalt in der Ehe

Ehepartner haben einen wechselseitigen Anspruch auf Unterhalt. Der sogenannte Familienunterhalt umfasst den gesamten Bedarf für die Familie einschließlich der Kinder.

Achtung: Hat ein geschiedener Ehepartner Anspruch auf nachehelichen Unterhalt, entfällt dieser Anspruch, wenn er wieder heiratet. Der Anspruch auf Unterhalt endet aber nicht zwangsläufig, wenn die Partner der Patchworkfamilie in nichtehelicher Lebensgemeinschaft zusammenleben.

Unterhaltspflicht

Die Ehepartner sind einander verpflichtet, durch ihre Arbeit und mit ihrem Vermögen die Familie angemessen zu unterhalten. Voraussetzung für die wechselseitige Unterhaltspflicht ist, dass die Ehe besteht und die Ehepartner nicht getrennt leben. Die Unterhaltspflicht entsteht mit der Eheschließung. Im Gegensatz zum Trennungs- und Scheidungsunterhalt hat beim Familienunterhalt jeder Ehepartner gegen den anderen einen Unterhaltsanspruch. Jeder Ehepartner ist Gläubiger und Schuldner des jeweiligen wechselseitigen Anspruchs. Im Gegensatz zum Trennungsunterhalt und zum nachehelichen Unterhalt setzt der Anspruch auf Familienunterhalt nicht voraus, dass ein Ehepartner bedürftig und der andere leistungsfähig ist.

Achtung: Die gesetzliche Verpflichtung zum Familienunterhalt ist zwingend. Der Verzicht auf zukünftigen Unterhalt ist (auch durch einen Ehevertrag) unwirksam. Möglich sind allerdings formlose Vereinbarungen, etwa über den Umfang und die Art und Weise der Unterhaltsleistung.

Art der Unterhaltsleistung

Die Art der Unterhaltsleistung richtet sich auch in einer Patchworkfamilie nach der Aufgabenverteilung in der Ehe. Grundsätzlich sind die Eheleute in ihrer Rollenverteilung frei und können nach ihrem Belieben die Haushaltsführung und die Erwerbstätigkeit aufteilen. Kraft Gesetzes regeln die Ehepartner die Haushaltsführung in gegenseitigem Einvernehmen. Beide Ehepartner sind berechtigt, erwerbstätig zu sein (Näheres dazu unter 2.1.5). Folgende Ehetypen sind folglich zu unterscheiden.

- **Haushaltsführungsehe:** In der Haushaltsführungsehe entscheiden sich die Ehepartner dafür, dass einer von ihnen ausschließlich den Haushalt führt und die Kinder versorgt, während der andere Ehepartner einer Erwerbstätigkeit nachgeht.
- **Doppelverdienerehe:** In der Doppelverdienerehe geht jeder Ehepartner einer vollen Erwerbstätigkeit nach und die Haushaltsführung wird zwischen den Partnern aufgeteilt.
- **Zuverdienerehe:** In der Zuverdienerehe wird die finanzielle Last der Familie überwiegend von einem der Ehepartner getragen, während der andere Ehepartner überwiegend den Haushalt führt und nur einen kleinen Teil finanziell für den Lebensbedarf der Familie beisteuert.

Für die Art des von den Ehepartnern zu leistenden Unterhalts sind die konkreten Familienverhältnisse maßgebend. Anders als gewöhnliche Unterhaltsansprüche ist nämlich der Anspruch auf Familienunterhalt nicht auf eine Geldzahlung gerichtet. Familienunterhalt ist vielmehr in der Weise zu leisten, die durch die eheliche Lebensgemeinschaft geboten ist. Die Ehepartner schulden einander sowohl persönliche Leistungen in Form der Haushaltsführung und der Betreuung der Kinder als auch die Zurverfügungstellung der finanziellen Mittel für den angemessenen Lebensbedarf. Es kommen Naturalleistungen (z.B. Wohnen im Haus eines Ehepartners oder die Haushaltsführung) oder Geldleistungen (z.B. Wirtschaftsgeld,

Taschengeld) in Betracht. Das für die Haushaltsführung notwendige Wirtschaftsgeld schuldet der barunterhaltspflichtige Ehepartner im Voraus.

- **Haushaltsführungsehe:** In der Haushaltsführungsehe muss der Ehepartner, der einer Erwerbstätigkeit nachgeht, den notwendigen Geldbedarf beschaffen. Mit seinem Einkommen wird der Bedarf der Familie, etwa für die Miete, die notwendige Kleidung, für Einrichtungsgegenstände, Versicherungen und das notwendige Wirtschaftsgeld für die Haushaltsführung, gedeckt. Im Gegenzug erbringt der haushaltsführende Ehepartner die Unterhaltsleistung durch die Führung des Haushalts und die Betreuung der Kinder. Die Haushaltsführung stellt einen gleichwertigen und nicht ergänzungsbedürftigen Beitrag zum Familienunterhalt dar.
- **Doppelverdienerehe:** In der Doppelverdienerehe ist die Haushaltstätigkeit auf beide Ehepartner gleichmäßig und entsprechend ihrer beruflichen Belastung zu verteilen. Der notwendige Geldbedarf muss von beiden Ehepartnern getragen werden. Beide Ehepartner müssen sich also an der Finanzierung des angemessenen Lebensbedarfs der Familie beteiligen und die notwendigen finanziellen Mittel beisteuern. Ihre finanzielle Beteiligung hängt von der Höhe ihres Einkommens ab.
- **Zuverdienerehe:** Handelt es sich um eine Zuverdienerehe, ist der finanzielle Bedarf der Familie überwiegend vom Hauptverdiener zu beschaffen. Der haushaltsführende Ehepartner geht nur einer Teilzeitbeschäftigung nach und kann nur einen kleinen Teil als Barunterhalt beisteuern. Im Übrigen hat der wenig verdienende Ehepartner seinen Beitrag zur Unterhaltsleistung durch die überwiegende Führung des Haushalts zu erbringen.

Umfang des Unterhalts

Der angemessene Unterhalt der Patchworkfamilie umfasst alles, was nach den Verhältnissen der Ehepartner erforderlich ist, um die Kosten des Haushalts zu bestreiten und die persönlichen Bedürfnisse der Ehepartner und den Lebensbedarf der gemeinsamen unterhaltsberechtigten Kinder zu befriedigen.

- Zum angemessenen Familienunterhalt gehören die Kosten für Wohnung, Nahrung, Kleidung, kulturelle Bedürfnisse und Urlaub.
- Zu den persönlichen Bedürfnissen des Ehepartners gehören unter anderem die Kranken- und Pflegeversicherungsbeiträge und die Kosten für medizinisch notwendige ärztliche Behandlungen, für die Versorgung mit Arznei-, Heil- und Hilfsmitteln, die Krankenhausbehandlung, für Pflegeleistungen bei Behinderung oder Krankheit. Unter Umständen kann der Familienunterhalt auch Kosten einer Berufs- oder Weiterbildung eines Partners umfassen, ebenso Ausgaben für sportliche Aktivitäten oder für eine Mitgliedschaft in einem Verein. Von der Unterhaltspflicht nicht erfasst sind dagegen Kosten für kostspielige Liebhabereien oder Hobbys, die jeder Partner selbst finanzieren muss.

Grundsätzlich erfüllt jeder Ehepartner seine Unterhaltspflicht nicht durch Geld- (Barunterhalt), sondern durch Naturalleistungen. So schuldet beispielsweise der erwerbstätige Ehepartner dem anderen keinen Anteil an der für die Ehewohnung aufzuwendenden Monatsmiete in Geld, sondern lediglich die Zahlung der Monatsmiete an den Vermieter. Unterhalt an seinen Ehepartner leistet er dadurch, dass er die Wohnung zur Verfügung stellt. Geldleistungen können nur als Haushalts- und Wirtschaftsgeld, Taschengeld und Prozesskostenvorschuss geltend gemacht werden.

Haushalts- und Wirtschaftsgeld

Dem Ehepartner, dem die Haushaltsführung in der Patchworkfamilie obliegt, muss das notwendige Wirtschaftsgeld zur Verfügung gestellt werden. Dessen Höhe hängt vom Lebenszuschnitt der Ehepartner ab. Der haushaltsführende Ehepartner muss unter Berücksichtigung des Gesamteinkommens so viel Geld zur Verfügung haben, dass er den Haushalt ordnungsgemäß führen kann.

Das Wirtschaftsgeld dient dazu, die gewöhnlichen, regelmäßig wiederkehrenden Aufwendungen für den Haushalt und den Lebensbedarf der Familie zu decken. Dazu gehören beispielsweise der Einkauf von Lebensmitteln, der Erwerb von Einrichtungsgegenständen und sonstige alltägliche Ausgaben. Das Wirtschaftsgeld muss dem haushaltsführenden Ehepartner stets monatlich oder wöchentlich im Voraus zur Verfügung stehen.

Der haushaltsführende Ehepartner muss das ihm überlassene Wirtschaftsgeld ordnungsgemäß verwalten und nur für den Haushalt verwenden. Er darf es also nicht für persönliche Zwecke ausgeben. Ungewöhnliche Ausgaben muss er mit dem Partner besprechen.

Besteht der Verdacht, dass der haushaltsführende Ehepartner das Wirtschaftsgeld fortlaufend zweckwidrig verwendet oder bestimmte Ausgaben unangemessen sind, kann der andere Ehepartner Auskunft und Rechnungslegung verlangen. Die Ausgaben müssen dann in einem Haushaltsbuch im Einzelnen aufgeführt werden.

Taschengeld

Jeder Ehepartner hat Anspruch auf einen angemessenen Teil des Gesamteinkommens beider Ehepartner als Taschengeld, über das er für seine persönlichen Bedürfnisse selbst bestimmen kann. Die Höhe des Taschengelds richtet sich nach den im Einzelfall bestehenden Einkommens- und Vermögensverhältnissen, dem Lebensstil und der Zukunftsplanung der Ehepartner. Grundsätzlich sind zwischen 5 % und 7 % des als Familienunterhalt zur Verfügung stehenden (bereinigten) Nettoeinkommens anzusetzen. Für den haushaltsführenden Ehepartner ist das Taschengeld ohne nähere Bezifferung regelmäßig im Haushaltsgeld enthalten. Ein eigener Hinzuverdienst des Ehepartners (z.B. bei einer Teilzeitbeschäftigung neben der Haushaltsführung) mindert den Taschengeldanspruch. Der erwerbstätige Ehepartner kann sein Taschengeld einbehalten.

Achtung: Kein Anspruch auf Taschengeld besteht dann, wenn das Familieneinkommen nicht ausreicht, um den notwendigen Lebensbedarf der Familie zu decken.

Auskunftspflicht der Eheleute

Ehepartner haben aufgrund der gesetzlichen Verpflichtung zur ehelichen Lebensgemeinschaft einen wechselseitigen Anspruch, sich über die für die Höhe des Familienunterhalts maßgeblichen finanziellen Verhältnisse zu informieren. Geschuldet wird die Erteilung von Auskunft in der Weise, wie sie zur Feststellung des Unterhaltsanspruchs erforderlich ist. Die Vorlage von Belegen kann nicht verlangt werden.

2.1.5 Haushaltsführung und Erwerbstätigkeit

Gesetzlich wird den Ehepartnern in einer Patchworkfamilie keine Rollenverteilung vorgegeben. Es ist den Ehepartnern überlassen, wie sie die mit der ehelichen Lebensgemeinschaft verbundenen Aufgaben unter sich verteilen wollen. Die Ehepartner können also im gegenseitigen Einvernehmen regeln, wer in welchem Umfang erwerbstätig ist und wer in welchem Umfang die Haushaltsführung und gegebenenfalls die Kinderbetreuung übernimmt. Insoweit wird zwischen der Alleinverdienerehe, der Doppelverdienerehe und der Zuverdienerehe unterschieden.

Haushaltsführung

Unter der Haushaltsführung ist das Recht und die Pflicht der Ehepartner zu verstehen, die im ehelichen Haushalt anfallenden Arbeiten rechtsgeschäftlicher und tatsächlicher Art zu leiten und auszuführen. Der Umfang der Haushaltsführung bestimmt sich nach den individuellen Umständen der Ehe und der Wohnung, insbesondere auch der Zahl und Betreuungsbedürftigkeit der Kinder sowie des Umfangs der Erwerbstätigkeit des anderen Ehepartners. Durch die Haushaltsführung erfüllt ein Ehepartner seine Unterhaltspflicht gegenüber der Familie (vgl. dazu 2.1.4).

Die Eheleute regeln die Haushaltsführung in gegenseitigem Einvernehmen. Es kann vereinbart werden, dass

- nur ein Ehepartner den Haushalt führt und der andere erwerbstätig ist (Alleinverdienerehe),
- beide Ehepartner den Haushalt gemeinsam führen und beide erwerbstätig sind (Doppelverdienerehe),
- ein Partner den Haushalt führt und daneben noch in Teilzeitarbeit arbeitet und der andere Partner voll erwerbstätig ist (Zuverdienerehe).

Können sich die Ehepartner nicht über die Haushaltsführung einigen, obliegt diese grundsätzlich beiden Partnern.

In der Alleinverdienerehe trifft die Last der Haushaltsführung den nichterwerbstätigen Ehepartner. Je nach Umständen und Zumutbarkeit kann aber der erwerbstätige Ehepartner gemäß seiner Verpflichtung zur ehelichen Lebensgemeinschaft zur Mithilfe verpflichtet sein. In der Doppelverdienerehe müssen sich beide Partner in gleichem Umfang um den ehelichen Haushalt kümmern. Ist die Last der Haushaltsführung einseitig verteilt, trifft den anderen Partner eine höhere Barunterhaltspflicht. Bei der Zuverdienerehe trägt die Hauptlast der Haushaltsführung der teilzeitbeschäftigte Ehepartner, der erwerbstätige Ehepartner ist zur Mitarbeit im Haushalt verpflichtet.

Unter Umständen kann einem Ehepartner ein Anspruch auf Abänderung der Absprache mit dem anderen Partner über die Haushaltsführung zustehen, wenn sich in der Ehe die Rahmenbedingungen verändern. Das kann beispielsweise bei der Geburt eines Kindes der Fall sein oder wenn ein Ehepartner arbeitslos wird. Aber auch dann, wenn sich im Laufe der Ehe die Vorstellungen eines Ehepartners ändern, und er (wieder) einer Erwerbstätigkeit nachgehen will, kann er gemäß dem Gebot der gegenseitigen Rücksichtnahme vom anderen Partner die Änderung der verabredeten Rollenverteilung bzw. die Mithilfe im Haushalt verlangen.

Ist die Haushaltsführung einem Ehepartner überlassen, so leitet dieser den Haushalt in eigener Verantwortung. Gegenüber dem haushaltsführenden Ehepartner steht dem anderen Ehepartner also kein Weisungsrecht zu. Auch durch die Kürzung des Wirtschaftsgelds darf die Haushaltsführung nicht beeinflusst oder unmöglich gemacht werden. Gleichwohl schließt die eigenverantwortliche Haushaltsführung den anderen Ehepartner nicht vollständig aus. Dieser bleibt mitverantwortlich, so insbesondere, wenn der haushaltsführende Ehepartner wegen Krankheit verhindert ist. Ferner bleibt er je nach beruflicher Inanspruchnahme zur Mithilfe im Haushalt verpflichtet. Die eigenverantwortliche Haushaltsführung beinhaltet auch das Recht des haushaltsführenden Ehepartners, beide Eheleute bei Geschäften zur angemessenen Deckung des Lebensbedarfs der Familie unabhängig von Weisungen des anderen Ehepartners zu vertreten (Näheres zum Vertretungsrecht des Ehepartners unter 2.1.1).

Erwerbstätigkeit

Auch in einer Patchworkfamilie hat jeder Ehepartner das Recht, erwerbstätig zu sein. Bei der Wahl und Ausübung einer Erwerbstätigkeit muss der Ehepartner allerdings auf die Belange des Partners und der Familie die gebotene Rücksicht nehmen. Konkret gilt Folgendes:

- Die Ehepartner sind gesetzlich verpflichtet, die Familie durch ihre Arbeit angemessen zu unterhalten.
- Die Rollenverteilung in der Ehe (Haushaltsführung und Erwerbstätigkeit) haben die Eheleute einvernehmlich zu regeln (vgl. dazu oben).

- Grundsätzlich kann ein Ehepartner zur Erwerbstätigkeit verpflichtet sein, wenn nur so der Lebensunterhalt der Familie gesichert werden kann.
- Die Pflicht zur Aufnahme einer Erwerbstätigkeit kann auch dann bestehen, wenn ein Ehepartner gegenüber Dritten (z.B. Kindern aus einer früheren Ehe) unterhaltspflichtig ist.
- Durch die Erwerbstätigkeit erfüllt ein Ehepartner seine Unterhaltspflicht gegenüber der Familie (vgl. dazu 2.1.4).

2.1.6 Ehewohnung

Unter der Ehewohnung ist jede Räumlichkeit zu verstehen, die während der Ehe beiden Ehepartnern als Unterkunft dient. Zur Ehewohnung gehören alle Räume, die die Ehepartner zum Wohnen benutzen oder gemeinsam bewohnt haben oder die dafür nach den Umständen bestimmt waren. Zur Ehewohnung gehören auch die Nebenräume (Boden, Keller, Abstellraum, Schuppen, Stallung, Garage) und der Hausgarten. Nicht hierzu zählen ausschließlich gewerblich oder beruflich genutzte Räume.

Achtung: Die Einstufung als Ehewohnung hängt nicht davon ab, dass noch beide Ehepartner in der Wohnung leben. Auch wenn ein Ehepartner die Wohnung nur zeitweise nutzt, weil er beispielsweise aufgrund seiner beruflichen Tätigkeit eine Zweitwohnung besitzt, bleibt sie die gemeinsame Ehewohnung. Dies gilt sogar dann, wenn einer der Partner aufgrund von Trennung ausgezogen ist, solange noch nicht feststeht, ob er die Wohnung auf Dauer verlässt und dem anderen Ehepartner diese zur alleinigen Nutzung überlässt.

Wahl der Ehewohnung

Die Eheleute in der Patchworkfamilie entscheiden gemeinsam, welche Wohnung ihre Ehewohnung werden soll. Dies kann die Wohnung des Ehemanns oder der Ehefrau oder auch eine neue Wohnung sein. Keine Bedeutung hat, wem die Ehewohnung gehört. Die Ehewohnung kann im Eigentum einer der beiden Ehepartner oder im gemeinsamen Eigentum stehen oder gemietet werden.

Gemeinsame Benutzung der Wohnung

Beide Ehepartner erwerben Mitbesitz an der Ehewohnung und sind berechtigt, diese zu benutzen. Es kann also grundsätzlich kein Ehepartner den anderen von der Nutzung ausschließen. Dies gilt auch dann, wenn ein Ehepartner Alleineigentümer der Wohnung ist.

Bei häuslicher Gewalt, wenn also ein Ehepartner vorsätzlich den Körper, die Gesundheit, die Freiheit oder die sexuelle Selbstbestimmung des anderen widerrechtlich verletzt, kann das Gericht auf Antrag der verletzten Person die zur Abwendung weiterer Verletzungen erforderlichen Maßnahmen treffen, insbesondere anordnen, dass der Täter die Wohnung der verletzten Person nicht mehr betreten darf. Hat die verletzte Person mit dem Täter einen auf Dauer angelegten gemeinsamen Haushalt geführt, so kann sie von diesem verlangen, ihr die gemeinsam genutzte Wohnung zur alleinigen Benutzung zu überlassen.

Mieter der Ehewohnung

Bei einem Mietvertrag mit Eheleuten kommen zwei Gestaltungen in Betracht. Entweder kommt der Mietvertrag mit beiden Ehepartnern oder nur mit einem von ihnen in Betracht.

In der Regel wird der Mietvertrag mit beiden Ehepartnern geschlossen. Allerdings hat die Überlassung der Räume an ein Ehepaar nicht automatisch zur Folge, dass ein Mietverhältnis mit beiden Partnern begründet wurde.

Konkret gilt Folgendes:

- Hat nur ein Ehepartner am Mietvertrag mitgewirkt und wurde der Vertrag nur mit einem Ehepartner abgeschlossen, ist nur dieser Mieter.
- Unproblematisch ist auch, wenn beide Ehepartner im Kopf des Mietvertrags als Vertragspartei namentlich genannt sind und jeder Ehepartner seine eigene Unterschrift gesetzt hat. Damit haben beide Partner gleichermaßen alle Rechte und Pflichten aus dem Mietvertrag.
- Sind zwar beide Ehepartner im Vertrag aufgeführt, hat aber nur ein Partner den Mietvertrag unterschrieben, kommt der Mietvertrag regelmäßig nur mit dem Unterzeichner zustande, es sei denn, dass dieser auch im Namen des anderen Ehepartners im Rahmen einer Vollmacht unterzeichnet hat. Wenn keine Vollmacht vorliegt, kann sich auch aus den Umständen ergeben, dass der unterzeichnende Ehepartner in Vertretung des anderen Ehepartners gehandelt hat (beispielsweise wenn der andere Ehepartner bei der Besichtigung der Wohnung und den Vertragsverhandlungen anwesend war).
- Unter Umständen kann der nicht unterzeichnende Ehepartner auch stillschweigend zum Vertragspartner geworden sein. Dies ist insbesondere dann anzunehmen, wenn er im eigenen Namen Willenserklärungen (z.B. Zustimmung zur Mieterhöhung) gegenüber der Hausverwaltung abgibt, den Schriftverkehr im eigenen Namen führt oder die Wohnung jahrelang alleine nutzt.

Unklarheiten bezüglich der Vertragsparteien wirken sich besonders im Fall einer Kündigung gravierend aus. Die Kündigung muss von allen Mietern ausgesprochen werden. Schlimmstenfalls können also diese Unsicherheiten die Unwirksamkeit einer Kündigung zur Folge haben.

2.1.7 Haushaltsgegenstände

Zum ehelichen Haushalt gehören alle Gegenstände, die der gemeinsamen Hauswirtschaft der Eheleute und allgemein dem ehelichen Zusammenleben dienen. Nicht darunter fallen Gegenstände, die für den Beruf oder den persönlichen Gebrauch nur eines Ehepartners bestimmt sind.

Zum ehelichen Haushalt gehören die Wohnungseinrichtung, Geschirr und Wäsche, ferner Bücher, PC und andere elektronische Geräte, sofern sie nicht ausschließlich den persönlichen Interessen eines Ehepartners dienen. Ein Auto ist dann als Haushaltsgegenstand anzusehen, wenn es von den Ehepartnern hauptsächlich gemeinschaftlich für private Zwecke oder überwiegend für Fahrten mit der Familie oder für Einkäufe, Kinderbetreuung usw. genutzt wird.

Eigentumssituation

Eigentümer eines Haushaltsgegenstands wird der Ehepartner, der ihn erwirbt. Kaufen beide Ehepartner einen Haushaltsgegenstand, werden sie Miteigentümer.

Tina Schneider kauft die gesamte Wohnungseinrichtung für den ehelichen Haushalt. Sie schließt den Vertrag mit dem Verkäufer und die Einrichtungsgegenstände werden ihr übergeben. Damit erwirbt sie das Alleineigentum an den Einrichtungsgegenständen. Wird der Kaufvertrag mit beiden Eheleuten als Käufer abgeschlossen und die Waschmaschine beiden übergeben, sind beide Ehepartner Eigentümer geworden.

Soweit ein Ehepartner einen Haushaltsgegenstand im Rahmen seiner Schlüsselgewalt zur angemessenen Deckung des Lebensbedarfs der Familie erwirbt (vgl. dazu 2.1.1), werden beide Ehepartner aus dem Geschäft berechtigt und verpflichtet. Im Regelfall erwerben die Ehepartner dann gemeinsam das Eigentum an dem Haushaltsgegenstand.

Nutzung des Haushaltsgegenstands

Grundsätzlich dürfen beide Ehepartner die Haushaltsgegenstände nutzen. Keine Bedeutung hat, wem die Gegenstände gehören. Ein Ehepartner, der einen Haushaltsgegenstand in die Ehe einbringt, stellt diesen der ehelichen Gemeinschaft zur Verfügung. Gleiches gilt für Gegenstände, die in der Ehe angeschafft werden, gleichgültig, welcher Ehepartner sie angeschafft hat. Sämtliche Gegenstände des ehelichen Haushalts können von den Ehepartnern gemeinschaftlich genutzt werden. Die Eheleute erhalten an den Gegenständen Mitbesitz.

Ein Ehepartner kann dem anderen Ehepartner nicht verbieten, die Waschmaschine, die in seinem Alleineigentum steht, zu benutzen.

Verfügungsbeschränkungen

Will ein Ehepartner über Gegenstände verfügen, die zwar in seinem Alleineigentum stehen, aber zum ehelichen Haushalt gehören, benötigt er die Zustimmung seines Ehepartners. Damit soll insbesondere die Grundlage des ehelichen Zusammenlebens geschützt werden.

Jana Siebert will die Wohnzimmereinrichtung, die sie von ihren Eltern geerbt hat, verkaufen, um Platz für eine neue Einrichtung zu schaffen. Weil die Möbel zum ehelichen Haushalt gehören, benötigt sie die Zustimmung ihrer Ehefrau.

Bis zur Zustimmung des Ehepartners sind Verfügungen über Haushaltsgegenstände schwebend unwirksam. Verweigert der Ehepartner seine Einwilligung, ist das Geschäft endgültig unwirksam.

Unter bestimmten Voraussetzungen kann die Zustimmung des anderen Ehepartners durch das Familiengericht ersetzt werden. Das ist der Fall, wenn dieser sie ohne ausreichenden Grund verweigert oder durch Krankheit oder Abwesenheit verhindert ist, eine Erklärung abzugeben. So kann die Zustimmung zum Verkauf beispielsweise dann in Betracht kommen, wenn der Gegenstand für die Haushaltsführung entbehrlich ist.

2.2 Nichteheliche Partner

Die im Folgenden dargelegten Rechtsbeziehungen nichtehelicher Partner in einer Patchworkfamilie untereinander und gegenüber Dritten gehen davon aus, dass die Partner über die verschiedenen Angelegenheiten keine individuellen Vereinbarungen getroffen haben.

Während die unter dem besonderen Schutz des Staates stehende Ehe und die daraus entstehenden Rechte und Pflichten der Ehepartner untereinander sowie die Trennung und Scheidung der Ehepartner umfassend im Familienrecht gesetzlich geregelt sind, gelten für nichteheliche Lebensgemeinschaften keine zusammenhängenden und aufeinander abgestimmten gesetzlichen Regelungen. Unabhängig davon, leben die Partner einer solchen Gemeinschaft nicht im rechtsfreien Raum. Vielmehr werden für die rechtlichen Beziehungen der Partner untereinander und der Lebensgemeinschaft gegenüber Dritten die allgemeinen bürgerlich-rechtlichen Regelungen herangezogen. Gleichwohl sollten sich Partner, die nicht in der Form der Ehe, sondern in einer nichtehelichen Gemeinschaft zusammenleben wollen, bewusst sein, dass sie in Konfliktfällen regelmäßig rechtlich weniger geschützt sind, als wenn sie verheiratet wären. Weil Familienrecht auf die nichteheliche Lebensgemeinschaft nicht angewendet werden kann, muss für die verschiedenen Lebensbereiche des nichtehelichen Zusammenlebens und damit zusammenhängende Streitfälle jeweils auf allgemeines bürgerliches Recht zurückgegriffen werden. Sinnvoll ist es, die Rechtsbeziehungen der Partner in einer nichtehelichen Lebensgemeinschaft im Rahmen eines Partnerschaftsvertrags individuell zu regeln, zumal bei einer nichtehelichen Partnerschaft in einer Patchworkfamilie auch (einseitige und/oder gemeinschaftliche) Kinder betroffen sind. Näheres dazu unter 2.2.7.

2.2.1 Vertretungsrecht der Partner

Wie Eheleute nehmen auch nichteheliche Lebenspartner am allgemeinen Rechtsverkehr teil. So müssen beispielsweise im Rahmen der Haushaltsführung Kauf- und Werkverträge abgeschlossen werden, wenn Lebensmittel oder Einrichtungsgegenstände erworben oder die Reparatur von Gegenständen notwendig ist. Auch im Rahmen des Post- und Bankverkehrs können regelmäßig Geschäfte anfallen. Allerdings können sich nichteheliche Partner – anders als Eheleute – nicht kraft Gesetzes in bestimmten Lebensbereichen wechselseitig vertreten. Sinnvoll kann es deshalb sein, dass die Partner für bestimmte Bereiche des gemeinsamen Lebens Vollmachten erteilen.

Kein gesetzliches Vertretungsrecht

Bei Geschäften, die der angemessenen Deckung des Lebensbedarfs der Familie dienen, darf ein Ehepartner den anderen Partner vertreten. Dieser wird dann aus dem Geschäft mitberechtigt und -verpflichtet. Ein befristetes gesetzliches Notvertretungsrecht besteht in Angelegenheiten der Gesundheitssorge, wenn eine akut eingetretene gesundheitliche Beeinträchtigung des Ehepartners wegen eines Unfalls oder einer Erkrankung eine ärztliche Akutversorgung notwendig macht (Näheres dazu unter 2.1.1). Entsprechende gesetzliche Vertretungsbefugnisse stehen Partnern einer nichtehelichen Lebensgemeinschaft nicht zu.

Michel Dobelmann kauft eine Spülmaschine für den Haushalt. Der Kaufpreis beträgt 450,– €. Herr Dobelmann kann die Rechnung nicht bezahlen, weil er kein Erwerbseinkommen hat. Weil es sich um ein Geschäft zur Deckung des angemessenen Lebensbedarfs der Familie handelt, kann der Verkäufer die Zahlung auch vom Ehepartner des Käufers verlangen. Kauft Herr Dobelmann die Spülmaschine dagegen für den gemeinsamen Haushalt einer nichtehelichen Lebensgemeinschaft, wird nur er aus dem Kaufvertrag berechtigt und verpflichtet, nicht dagegen sein Partner. Herr Dobelmann haftet allein für die Zahlung des Kaufpreises, nicht sein Lebenspartner.

Achtung: Unabhängig davon, dass bei einem Rechtsgeschäft eines nichtehelichen Partners der andere Partner kraft Gesetzes nicht mitberechtigt und -verpflichtet wird, kann eine Haftung des nicht handelnden Partners für die vom anderen Partner getätigten Geschäfte nach den allgemeinen Regeln der Duldungs- und Anscheinsvollmacht in Betracht kommen. In diesen Fällen kann das Handeln des »Vertreters« auch rechtliche Folgen für den anderen Partner entfalten. Das kommt in Betracht, wenn der Vertragspartner auf eine ordnungsgemäße Vertretung seines Geschäftspartners bei Vertragsabschluss vertrauen durfte. Daneben können auch Situationen entstehen, in denen der Bevollmächtigte schützenswert ist, weil er nach Treu und Glauben annehmen durfte, er sei tatsächlich bevollmächtigt.

- Bei einer sogenannten Anscheinsvollmacht liegt zwar weder eine gesetzliche Vertretungsmacht noch eine ausdrückliche Vollmacht vor, gleichwohl muss der Vertretene sich das Auftreten seines Vertreters zurechnen lassen, weil er trotz einer gewissen Häufigkeit und Dauer nicht dagegen einschreitet. Hinzukommen muss, dass der Geschäftspartner darauf vertrauen durfte, dass der Vertretene das Handeln des Vertreters duldet und billigt. Eine Anscheinsvollmacht und damit eine Vertretungsmacht kann etwa vorliegen, wenn der nichteheliche Partner regelmäßig auf die Kreditkarte des anderen Partners tankt.
- Von einer Duldungsvollmacht spricht man, wenn ein Partner weiß, dass der andere für ihn wie ein Vertreter handelt, und der Geschäftspartner dieses Dulden nach Treu und Glauben so verstehen darf, dass der als Vertreter Handelnde eine Vollmacht besitzt.

Amelie Gruber und Marcus Weiler führen einen gemeinsamen Haushalt in einer nichtehelichen Lebensgemeinschaft. Amelie sorgt für das Einkommen der Gemeinschaft, Marcus obliegt die Haushaltsführung. Für Reparaturarbeiten hat Marcus schon wiederholt einen Handwerker beauftragt. Dessen Rechnungen wurden von Amelie stets anstandslos bezahlt. Nach einer erneuten Reparatur verweigert sie allerdings die Zahlung und weist darauf hin, dass Marcus von ihr nicht bevollmächtigt sei, Reparaturaufträge für den Haushalt zu vergeben. Weil allerdings die Reparaturrechnungen in der Vergangenheit stets bezahlt wurden, durfte der Handwerker davon ausgehen, dass Amelie mit dem Vorgehen ihres Partners einverstanden war. Deshalb ist sie auch jetzt zur Zahlung verpflichtet.

Bevollmächtigung des Partners

Sinnvoll ist es in einer nichtehelichen Lebensgemeinschaft, dass sich die Partner wechselseitig Vollmachten erteilen. Möglich ist die Erteilung einer Generalvollmacht oder von Vollmachten für einzelne Rechtsgeschäfte (z.B. Bankvollmacht).

Zwar bedarf die Erteilung einer Vollmacht grundsätzlich keiner besonderen Form, weil allerdings der Bevollmächtigte seine Bevollmächtigung nachweisen muss, ist es sinnvoll, die Vollmacht schriftlich zu erteilen.

Die Vertretungsmacht des Bevollmächtigten endet, wenn die Vollmacht erlischt. So endet eine befristete Vollmacht mit dem in ihr bestimmten Zeitpunkt.

Die Vollmacht kann jederzeit widerrufen werden. Der Widerruf kann gegenüber dem Bevollmächtigten oder dem Dritten, dem gegenüber die Vertretung stattfand, erfolgen.

2.2.2 Eigentums- und Vermögensverhältnisse

Die Frage, welcher Partner in einer nichtehelichen Lebensgemeinschaft Eigentümer der Gegenstände ist, die sich in der gemeinsamen Wohnung der Patchworkfamilie befinden, ist in zweifacher Hinsicht von Bedeutung: Einmal erlangt diese Frage Bedeutung, wenn sich die Partner trennen und ein Partner Anspruch darauf erhebt, einen

Gegenstand mitzunehmen, zum anderen sind die Eigentumsverhältnisse an beweglichen Gegenständen dann wichtig, wenn ein Partner Schulden hat und ein Gläubiger durch den Gerichtsvollzieher Gegenstände pfänden lassen will.

Bei den Eigentumsverhältnissen in der nichtehelichen Lebensgemeinschaft ist zwischen dem Alleineigentum und dem Miteigentum zu unterscheiden. Von Alleineigentum spricht man, wenn ein Gegenstand ausschließlich im Eigentum nur eines Partners steht. Miteigentum liegt vor, wenn ein Gegenstand beiden Partnern gemeinsam gehört.

Hinsichtlich der Eigentumsverhältnisse der Gegenstände, die sich in der gemeinsamen Wohnung der nichtehelichen Lebenspartner befinden, ist von Bedeutung, ob ein Partner den betreffenden Gegenstand in die Gemeinschaft eingebracht hat oder ob der Gegenstand während des Zusammenlebens der Partner angeschafft wurde.

In die Gemeinschaft eingebrachte Gegenstände

Jeder Partner bleibt Eigentümer der Haushaltsgegenstände, die er in die nichteheliche Lebensgemeinschaft eingebracht hat, es sei denn, dass er einen Gegenstand während des Bestehens der Partnerschaft an den anderen Partner übereignet hat. Allein durch das Zusammenleben der Partner ändert sich mithin an den Eigentumsverhältnissen nichts.

Achtung: Grundsätzlich erwirbt ein Partner auch das Alleineigentum an Gegenständen, die die eingebrachten Sachen ersetzen sollen. Es gilt die Vermutung, dass die anstelle zerstörter oder verloren gegangener Haushaltsgegenstände, die einer der Partner mit in die Gemeinschaft eingebracht hat, angeschafften Gegenstände in das Alleineigentum des Partners fallen sollen, dem die zu ersetzenden Sachen gehörten.

Gegenstände, die dem gemeinschaftlichen Gebrauch zugeführt sind (z.B. Geschirr, Schränke, Küchenmöbel), darf der andere Partner mitbenutzen. Dieses Benutzungsrecht kann der Partner, in dessen Eigentum die Gegenstände stehen, allerdings jederzeit widerrufen.

Aufgrund seines Alleineigentumsrechts kann jeder Partner nach Belieben über seine Sachen verfügen, also Gegenstände beispielsweise verkaufen, verschenken oder verleihen. In einer Ehe wäre dies nicht ohne Weiteres möglich. Dort kann beispielsweise ein Ehepartner ohne die Zustimmung des anderen nicht über Haushaltsgegenstände verfügen, selbst wenn ihm diese allein gehören.

Während des Zusammenlebens erworbene Gegenstände

Schwierig zu beurteilen sind regelmäßig die Eigentumsverhältnisse an von den Partnern während des Zusammenlebens angeschafften Gegenständen. Es gelten folgende allgemeine Grundsätze:

- Bei Gegenständen, die ausschließlich zum persönlichen Gebrauch eines Partners bestimmt sind und während des Bestehens der Lebensgemeinschaft angeschafft werden, ist grundsätzlich davon auszugehen, dass sie dem Partner gehören, der diesen Gegenstand auch konkret benötigt und benutzt. Dazu gehören vor allem Kleidungsstücke, Arbeitsmaterial und Schmuckstücke.
- Bei allen anderen Gegenständen kommt es auf die Umstände des Einzelfalls an. Bei Erwerbsgeschäften des täglichen Lebens (z.B. Kauf von Lebensmitteln oder Einrichtungsgegenständen) wird der Käufer gegenüber dem Verkäufer regelmäßig nicht zu erkennen geben, ob er die Sachen für sich, seinen Lebensgefährten oder für beide zu Miteigentum erwerben will. Maßgebend ist in diesem Fall der Wille des handelnden Partners, wenn die Person des Erwerbers dem Veräußerer gleichgültig ist (wie insbesondere bei den Bargeschäften). Es kann davon ausgegangen werden, dass Haushaltsgegenstände, die aus einer gemeinsamen Kasse oder von einem Gemeinschaftskonto der Partner finanziert

werden oder bei denen beide Partner für die Schulden haften, im Zweifel zu Miteigentum erworben werden sollen. In diesem Fall erwerben die Partner jeweils zur Hälfte Miteigentum an dem betreffenden Gegenstand. Wird ein Haushaltsgegenstand dagegen ausschließlich aus eigenen Mitteln eines Partners angeschafft, ist davon auszugehen, dass er Alleineigentum erwirbt.

- Im Alleineigentum stehen grundsätzlich die Gegenstände, die ein Partner geerbt oder geschenkt bekommen hat.

Vereinbarungen der Partner

Solange beide Partner ihr Leben gemeinsam gestalten, spielt die Frage, wem was gehört oder wer gegen wen Ausgleichsansprüche hat, regelmäßig keine Rolle. Erst wenn sich die Partner trennen, wird das Problem relevant. Dann wird häufig darüber gestritten, wer was behalten darf und wer wem welchen finanziellen Ausgleich zahlen muss.

Um spätere Streitigkeiten zu vermeiden, sollten die Partner entweder generell oder zumindest bei wertvollen Gegenständen die Eigentumsverhältnisse schriftlich festhalten. Es sollte klargestellt werden, dass Gegenstände, die dem persönlichen Gebrauch eines Partners dienen, in dessen Alleineigentum, und Gegenstände, die von beiden Partnern genutzt werden, im Miteigentum zu gleichen Teilen eines Partners stehen. Sinnvoll ist es auch festzulegen, dass Haushaltsgegenstände, die von einem Partner in die Gemeinschaft eingebrachte Gegenstände ersetzen, Eigentum des Partners werden, dem diese Gegenstände bereits bei der Aufnahme der Lebensgemeinschaft gehörten. Bei Gegenständen, die nicht zum gemeinsamen Haushalt gehören, und im Wesentlichen von nur einem Partner genutzt werden, sollte darauf geachtet werden, dass diese im Alleineigentum des jeweiligen Partners stehen. Das gilt insbesondere für wertvolle Gegenstände. Sinnvoll ist es, die jeweiligen Gegenstände in Inventarverzeichnisse einzutragen.

Das mag aufwendig sein, letztlich geht es aber bei den Vereinbarungen darum, sicherzustellen, dass kein Partner im Fall der Beendigung der Lebensgemeinschaft zu kurz kommt und spätere Streitigkeiten möglichst vermieden werden. Das gilt auch für eine mögliche Vermögensauseinandersetzung mit den Erben eines Partners.

Bankkonten

Partner einer nichtehelichen Lebensgemeinschaft müssen entscheiden, wie sie ihre Bankangelegenheiten regeln möchten. Von Bedeutung ist dabei nicht zuletzt, welche wirtschaftlichen Bewegungsmöglichkeiten ein Partner dem anderen zugesteht und wie die Aufgabenbereiche innerhalb der Partnerschaft verteilt sind. Entscheidend ist aber auch, in welchem Maße die Partner in finanziellen Angelegenheiten einander Vertrauen entgegenbringen.

Nichteheliche Partner haben die Wahl, ob sie bestehende Einzelkonten weiterführen oder ein Gemeinschaftskonto einrichten wollen.

Einzelkonto

Beide Partner können jeweils ein eigenes Bankkonto unterhalten, über welches nur der jeweilige Partner verfügungsberechtigt ist. Soweit eine gegenseitige Bevollmächtigung über das Konto des anderen gewünscht ist, kann dies über eine Bankvollmacht erfolgen (vgl. dazu 2.2.1).

Gemeinschaftskonto

Über das Gemeinschaftskonto können beide Partner verfügen. Das Guthaben auf dem Gemeinschaftskonto steht grundsätzlich beiden Partnern zur Hälfte zu. Bei Überziehungen des Kontos haftet jeder Kontoinhaber für die Rückzahlung der Forderung in voller Höhe.

Das Gemeinschaftskonto ist bei einer gemeinsamen Haushaltsführung vorteilhaft, wenn die Kontoinhaber die Haushaltskosten teilen. Es hat den Nachteil, dass beide Partner haften, wenn das Konto überzogen wird. Getrennte Konten sind ebenfalls besser, wenn es zu einer Pfändung kommt. Liegt das Geld auf einem Gemeinschaftskonto, ist es von der Pfändung auch dann betroffen, wenn ein Partner die Pfändung nicht verursacht hat.

Im Regelfall ist das Gemeinschaftskonto ein Oder-Konto, bei dem jeder der beiden Kontoinhaber unabhängig vom anderen über das Guthaben und eine unter Umständen eingeräumte Kreditlinie verfügen kann. In Ausnahmefällen wird das Gemeinschaftskonto als Und-Konto geführt. In diesem Fall können die Kontoinhaber Finanzgeschäfte nur gemeinsam tätigen. Eine Überweisung muss also von beiden Kontoinhabern unterschrieben werden.

2.2.3 Schulden der Partner

Grundsätzlich kann jeder Partner einer nichtehelichen Lebensgemeinschaft nur sich selbst rechtsgeschäftlich verpflichten. Deshalb haftet auch jeder Partner regelmäßig allein für die von ihm begründeten Verbindlichkeiten. Nur wenn sich beide Partner gemeinschaftlich verpflichten, haften Sie Dritten gegenüber als Gesamtschuldner.

Einzelschulden

Grundsätzlich haftet nur derjenige Partner einer nichtehelichen Lebensgemeinschaft für Verbindlichkeiten, der sie eingegangen ist. Wenn also nur ein Partner einen Vertrag abgeschlossen hat, dann wird nur er aus diesem Vertrag berechtigt und verpflichtet. Es besteht grundsätzlich keine Mithaftung des anderen Partners. Das gilt sowohl für Schulden, die ein Partner in die nichteheliche Lebensgemeinschaft eingebracht hat, also auch für Verbindlichkeiten, die er während der Gemeinschaft eingeht. Keine Bedeutung hat, für welchen Zweck und in wessen Interesse die Verpflichtungen eingegangen wurden.

Simon Keller nimmt ein Darlehen bei der Bank auf, um das Auto seiner Partnerin zu finanzieren. Der Darlehensvertrag wird zwischen ihm und der Bank abgeschlossen. Für die Rückzahlung des Darlehens und die Zinsen haftet allein Herr Keller. Seine Partnerin muss für die Verbindlichkeiten gegenüber der Bank nicht einstehen.

Wie unter 2.1.1 dargelegt, werden bei Geschäften zur Deckung des angemessenen Lebensbedarfs der Familie beide Ehepartner berechtigt und verpflichtet. Es genügt, wenn ein Ehepartner das Geschäft abschließt. Für Verpflichtungen aus dem Geschäft haften beide Ehepartner als Gesamtschuldner. Das gilt für nichteheliche Partner nicht. Auch bei Geschäften zur Deckung des angemessenen Lebensbedarfs der Partner haftet nur der Partner, der das Geschäft abschließt.

Frauke Simon lebt mit Thomas Heiner in einer nichtehelichen Lebensgemeinschaft. Frauke beauftragt einen Handwerker mit der Reparatur des defekten Garagentors. Der Handwerker repariert das Tor und stellt die Rechnung. Für die Verbindlichkeit haftet nur Frauke Simon. Wären die Partner verheiratet, würden beide Ehepartner als Gesamtschuldner haften und jeder Ehepartner für den vollen Rechnungsbetrag einstehen müssen.

Übernahme einer Bürgschaft durch einen Partner

Selbst wenn nur ein Partner vertraglich eine Verpflichtung eingegangen ist, haftet auch der andere Partner, wenn er sich für die Verbindlichkeit gegenüber dem Gläubiger verbürgt. In diesem Fall muss jeder Partner für die Schulden des anderen einstehen.

Silke Maler und Dirk Waller leben in einer nichtehelichen Lebensgemeinschaft. Für den Erwerb einer Eigentumswohnung nimmt Herr Waller ein Bankdarlehen auf. Schließt nur Herr Waller den Darlehensvertrag ab, so haftet nur er für die Rückzahlung des Darlehens, nicht auch Silke Maler. Das gilt auch dann, wenn beide Partner Eigentümer der Immobilie geworden sind.

Nur wenn beide Partner den Darlehensvertrag unterschreiben, haften beide für die Rückzahlung des Darlehens, und zwar auch dann, wenn nur Dirk Waller Eigentümer der Immobilie wird. Ebenso haftet Silke Maler, wenn zwar nur ihr Partner Darlehensnehmer ist, sie aber eine Bürgschaft übernommen hat, um das Darlehensgeschäft abzusichern.

Zwar muss grundsätzlich der Bürge für die Folgen seiner Unterschrift einstehen, auch wenn er sich dadurch überschuldet, das gilt aber nicht, wenn er durch seine Bürgschaftsverpflichtung »krass überfordert« ist und dem Kreditnehmer emotional nahesteht. Zwischen Bürge und Kreditnehmer muss ein so enges persönliches Verhältnis bestehen, dass die ruinöse Bürgschaft allein aus emotionaler Verbundenheit mit dem Kreditnehmer übernommen wurde und die Bank dies in sittlich anstößiger Weise ausgenutzt hat. Von einer solchen emotionalen Verbundenheit ist nicht nur bei Eheleuten, sondern auch bei nichtehelichen Lebenspartnern auszugehen. Ist ein Partner als Bürge bei Vertragsschluss voraussichtlich nicht einmal in der Lage – auch bei Pfändung seines Vermögens und Einkommens – die auf die Kreditschuld anfallenden Zinsen aufzubringen, ist die Bürgschaft sittenwidrig und damit unwirksam und er kann vom Gläubiger nicht in Anspruch genommen werden.

Gesamtschulden

Beide Partner einer nichtehelichen Lebensgemeinschaft haften für Verbindlichkeiten, wenn sie sich gemeinsam verpflichtet haben. Das ist insbesondere der Fall, wenn beide Partner ein Rechtsgeschäft abgeschlossen haben, aus dem mithin beide berechtigt und verpflichtet sind.

Arne Faller und Simone Keller leben in einer nichtehelichen Lebensgemeinschaft. Sie nehmen bei der Bank ein Darlehen auf. Vertragspartner der Bank sind beide Partner. Folglich schulden beide als Darlehensnehmer der Bank die vereinbarten Zinsen und die Rückzahlung des Darlehens. Die nichtehelichen Partner haften als Gesamtschuldner. Das bedeutet, dass die Bank die Leistung zwar nur einmal fordern kann, dies jedoch nach ihrem Belieben ganz oder teilweise von jedem Partner.

2.2.4 Unterhaltspflichten während des Zusammenlebens der Partner

Grundsätzlich bestehen bei nichtehelichen Partnern keine wechselseitigen gesetzlichen Unterhaltspflichten. Einen zeitlich beschränkten Unterhaltsanspruch hat allerdings die nichteheliche Mutter gegen den Vater eines Kindes. Unterhaltsfragen können Gegenstand einer entsprechenden Vereinbarung zwischen den nichtehelichen Lebenspartnern sein.

Achtung: Bezieht ein nichtehelicher Lebenspartner in einer Patchworkfamilie aus einer geschiedenen Ehe nachehelichen Unterhalt, kann die Höhe der Unterhaltszahlungen für die unterhaltsberechtigte Person versagt, herabgesetzt oder zeitlich begrenzt werden, wenn sie in einer verfestigten Lebensgemeinschaft mit jemandem anderen lebt. Von einer verfestigten Lebensgemeinschaft ist regelmäßig erst auszugehen, wenn die Lebensgemeinschaft mit dem neuen Partner zwei bis drei Jahre besteht. Unter Umständen kann allerdings im Einzelfall schon früher auf eine Verfestigung geschlossen werden, insbesondere bei einer bereits umgesetzten gemeinsamen Lebensplanung (z.B. bei der Geburt eines gemeinschaftlichen Kindes oder der Anmietung einer gemeinsamen Wohnung).

Grundsatz: keine gesetzlichen wechselseitigen Unterhaltspflichten

Innerhalb der nichtehelichen Lebensgemeinschaft bestehen keine wechselseitigen Unterhaltspflichten der Partner. Die Partner sind also nicht wie Eheleute einander gesetzlich verpflichtet, durch ihre Arbeit und mit ihrem Vermögen die Familie angemessen zu unterhalten.

Möglich ist in einer nichtehelichen Lebensgemeinschaft, dass die Partner eine Unterhaltspflicht vereinbaren. Die vertragliche Unterhaltsvereinbarung kann auf die Dauer des Zusammenlebens begrenzt werden und/oder auch die Zeit nach der Trennung betreffen.

Ausnahme: Gesetzliche Unterhaltspflicht aus Anlass der Geburt eines gemeinschaftlichen Kindes

Unter Umständen bestehen Unterhaltsansprüche eines Elternteils gegen den anderen, wenn aus der nichtehelichen Lebensgemeinschaft ein oder mehrere Kinder hervorgegangen sind. Wie beim Verwandtenunterhalt ist unterhaltsberechtigt nur, wer bedürftig ist, wer also nicht imstande ist, seinen Bedarf aus zumutbarer Arbeit, aus Vermögenseinkünften, aus der zumutbaren Verwertung seines Vermögens oder aus sonstigen Einkünften zu decken. Unterhaltspflichtig ist nur, wer leistungsfähig ist, wer also den Unterhalt ohne Gefährdung seines eigenen angemessenen Unterhalts zahlen kann.

Achtung: Der gesetzliche Unterhaltsanspruch ist an die rechtliche Vaterschaft geknüpft. Die Vaterschaft muss also feststehen, das heißt ausdrücklich anerkannt oder gerichtlich festgestellt worden sein.

Geburtsbedingter Unterhalt

Die Mutter hat für die Dauer von sechs Wochen vor und acht Wochen nach der Geburt des Kindes Anspruch auf Unterhalt. In diesem Zeitraum ist die Mutter besonders schutzwürdig. Deshalb ist sie im Interesse des Kindes nicht verpflichtet, zu arbeiten. Der Unterhaltsanspruch besteht auch dann, wenn die Mutter wegen einer Erkrankung, Betreuung eines anderen Kindes oder wegen Arbeitslosigkeit vor der Geburt nicht erwerbstätig war.

Erstattung der Schwangerschafts- und Entbindungskosten

Der Vater muss der Mutter auch die Kosten ersetzen, die wegen der Schwangerschaft oder der Entbindung außerhalb des Zeitraums von sechs Wochen vor und acht Wochen nach der Geburt entstehen. Diese Kosten sind Teil des geschuldeten Unterhalts.

Zu den erstattungsfähigen Schwangerschafts- und Entbindungskosten gehören die Aufwendungen für den Arzt, die Hebamme, das Krankenhaus, die Fahrt zum Krankenhaus, Arzneimittel, Verbandsmittel, Schwangerschaftsgymnastik, Umstandskleidung und Entbindung.

Unterhalt wegen Schwangerschaft oder Krankheit

Unterhaltsanspruch über die acht Wochen nach der Geburt hinaus besteht, soweit die Mutter einer Erwerbstätigkeit nicht nachgeht, weil sie wegen der Schwangerschaft oder einer durch die Schwangerschaft oder Entbindung verursachten Krankheit dazu außerstande ist. Eine Unterhaltspflicht besteht allerdings dann nicht, wenn die Mutter bereits aus anderen Gründen nicht erwerbstätig ist, beispielsweise wegen einer von der Schwangerschaft unabhängigen Vorerkrankung oder wenn die Mutter bereits zuvor erwerbslos war.

Kindesbetreuungsunterhalt

Betreut ein Elternteil das Kind, besteht bis zum dritten Lebensjahr des Kindes Anspruch auf Kinderbetreuungsunterhalt. Die Mutter bzw. der Vater können sich somit grundsätzlich frei für die Betreuung des Kindes während der ersten drei Lebensjahre entscheiden, selbst wenn Dritte (z.B. die Großeltern) für die Betreuung des Kindes ganz oder teilweise zur Verfügung stünden. Der betreuende Elternteil verliert den Unterhaltsanspruch auch dann nicht, wenn er neben der Kinderbetreuung das Studium fortsetzt.

Betreuungsunterhalt über das dritte Lebensjahr des Kindes hinaus

Auch über das dritte Lebensjahr des Kindes hinaus kann der betreuende Elternteil Kinderbetreuungsunterhalt verlangen, solange und soweit es der »Billigkeit« entspricht. Der verlängerte Unterhaltsanspruch muss also aufgrund der Lebensumstände des Kindes gerechtfertigt und angemessen sein. In Betracht kommen kind- und elternbezogene Gründe:

- **Kindbezogene Gründe:** Ein verlängerter Kinderbetreuungsunterhalt über das dritte Lebensjahr des Kindes hinaus kommt in Betracht, wenn eine geeignete Betreuungseinrichtung nicht zur Verfügung steht oder das Kind aufgrund seiner Lebenssituation besonderer Betreuung bedarf. Ein besonderes Betreuungsbedürfnis liegt beispielsweise vor, wenn das Kind behindert oder langfristig erkrankt ist. Auch eine schwierige Eingewöhnungsphase im Kindergarten kann einen längeren Unterhaltsanspruch des betreuenden Elternteils rechtfertigen.
- **Elternbezogene Gründe:** Auch elternbezogene Gründe können einen Unterhaltsanspruch des betreuenden Elternteils über die dreijährige Regelbetreuung hinaus begründen. So kann etwa ein längerer Unterhaltsanspruch bestehen, wenn eine Vollzeittätigkeit der Mutter aus psychiatrischer Sicht den Zustand der Mutter mit

negativen Auswirkungen auch auf das Kindeswohl verschlechtert. Die bloße Schwierigkeit, eine mit der Kinderbetreuung zu vereinbarende Arbeitsstelle zu finden, reicht nicht aus.

Rang des Unterhaltsanspruchs

Besteht gegenüber mehreren Personen eine Unterhaltspflicht, so bestimmt das Gesetz die Rangfolge:

- Vorrangig im 1. Rang befriedigt werden muss der Unterhaltsanspruch minderjähriger Kinder.
- Im 2. Rang folgt die ledige Mutter, mit der der Unterhaltspflichtige ein nichteheliches Kind hat.
- Erst im 3. Rang ist ein Unterhaltsanspruch des Ehepartners oder geschiedenen Ehepartners zu befriedigen.

Unterhaltsvereinbarung

Unabhängig davon, dass bei unverheirateten Paaren verschiedene gesetzliche Unterhaltsansprüche bestehen, wenn sie ein gemeinschaftliches Kind haben, können die Partner einer nichtehelichen Lebensgemeinschaft weitere Unterhaltszahlungen in einem Partnerschaftsvertrag vertraglich vereinbaren, auch für den Fall der Trennung.

2.2.5 Haushaltsführung und Erwerbstätigkeit

Es ist den Partnern einer nichtehelichen Lebensgemeinschaft überlassen, wie sie die mit der Patchworkfamilie verbundenen Aufgaben unter sich verteilen wollen. Diese können also im gegenseitigen Einvernehmen regeln, wer in welchem Umfang erwerbstätig ist und wer in welchem Umfang die Haushaltsführung und gegebenenfalls die Kinderbetreuung übernimmt. Wie bei Eheleuten kann

- nur ein Partner den Haushalt führen und der andere erwerbstätig sein,

- beide Partner den Haushalt gemeinsam führen und beide erwerbstätig sein oder
- ein Partner den Haushalt führen und daneben noch in Teilzeitarbeit arbeiten und der andere Partner voll erwerbstätig sein.

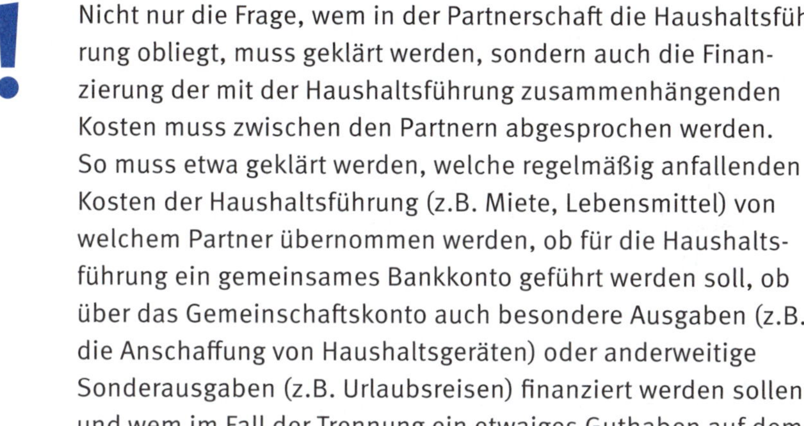

Nicht nur die Frage, wem in der Partnerschaft die Haushaltsführung obliegt, muss geklärt werden, sondern auch die Finanzierung der mit der Haushaltsführung zusammenhängenden Kosten muss zwischen den Partnern abgesprochen werden. So muss etwa geklärt werden, welche regelmäßig anfallenden Kosten der Haushaltsführung (z.B. Miete, Lebensmittel) von welchem Partner übernommen werden, ob für die Haushaltsführung ein gemeinsames Bankkonto geführt werden soll, ob über das Gemeinschaftskonto auch besondere Ausgaben (z.B. die Anschaffung von Haushaltsgeräten) oder anderweitige Sonderausgaben (z.B. Urlaubsreisen) finanziert werden sollen und wem im Fall der Trennung ein etwaiges Guthaben auf dem Gemeinschaftskonto zustehen soll.

Keine Ausgleichsansprüche der Partner

Grundsätzlich ist davon auszugehen, dass gemeinschaftsbezogene Leistungen der Partner der nichtehelichen Lebensgemeinschaft, die das tägliche Zusammenleben ermöglichen, ohne Vergütungsansprüche erbracht werden. Darunter fallen auch Tätigkeiten im gemeinsamen Haushalt. Grund sowohl für Leistungen im Rahmen der Haushaltsführung als auch für die Einbringung finanzieller Mittel ist ausschließlich, dass eine gemeinsame Lebensgemeinschaft besteht. Jeder Partner bringt damit seinen Beitrag zur gemeinsamen Lebens- und Haushaltsführung. Deshalb bestehen weder für erbrachte Haushaltsleistungen noch für finanzielle Leistungen zur Bestreitung des Lebensunterhalts Ausgleichsansprüche unter den Lebenspartnern.

Achtung: Ausgleichsansprüche bestehen auch nicht im Fall der Trennung der Partner. Diese ist regelmäßig mit finanziellen Nachteilen für den Partner verbunden, der sich stärker in die Haushaltsführung eingebunden hat, während der andere Partner im Rahmen einer reibungslosen Erwerbstätigkeit Vermögenswerte erwirtschaften konnte, auf die der andere Partner dann nach der Trennung auch keinen Ausgleichsanspruch hat.

Diese Grundsätze gelten auch bei einer Pflege des Partners. Auch für Pflegeleistungen gibt es keine gesetzlichen Ausgleichsansprüche.

Vertragliche Regelungen

Solange die Lebensgemeinschaft besteht, werden die Partner regelmäßig kein Bedürfnis daran haben, die Rechtslage, dass für erbrachte Haushaltsleistungen keine Ausgleichsansprüche bestehen, zu korrigieren. Dagegen dürfte im Trennungsfall der Partner ein Interesse an einem finanziellen Ausgleich haben, der auf eigene Karrierevorteile verzichtet, um den gemeinsamen Haushalt der Lebensgemeinschaft zu führen.

Streitigkeiten der Partner bei der Trennung können vermieden werden, wenn vertraglich geregelt wird, ob ein Partner einen finanziellen Ausgleich für die Haushaltsführung erhält oder nicht. Soll ein Ausgleichsanspruch vertraglich begründet werden, sollte auch festgelegt werden, welchen Geldbetrag der haushaltsführende Partner für seine Tätigkeit erhalten soll. Gleichzeitig kann auch ein Ausgleichsbetrag für den Fall der Auflösung der Partnerschaft festgelegt werden.

2.2.6 Mietwohnung

Wollen die Lebenspartner in einer Patchworkfamilie eine Mietwohnung beziehen, können sie entweder eine Wohnung anmieten oder sie können in der Wohnung zusammenleben, die von einem Partner bereits gemietet ist.

Bei einem Mietvertrag mit nichtehelichen Lebenspartnern kommen zwei Gestaltungen in Betracht: Entweder wird der Mietvertrag mit beiden Partnern oder nur mit einem von ihnen abgeschlossen.

Mietvertrag mit beiden Partnern

Die gemeinsame Wohnung kann von beiden Partnern der nichtehelichen Lebensgemeinschaft angemietet werden. Dies kann in der Form erfolgen, dass beide Partner von vornherein den Mietvertrag gemeinsam abschließen oder einer der Partner später in die Wohnung des anderen Partners eingezogen und als Mitmieter in das Mietverhältnis eingetreten ist.

Sind beide Partner Vertragspartner des Vermieters, so haften sie für Verpflichtungen aus dem Mietverhältnis gegenüber dem Vermieter als sogenannte Gesamtschuldner. Das gilt nicht nur für die Zahlung der Miete und der Nebenkosten, sondern auch für alle anderen Verpflichtungen aus dem Mietverhältnis, beispielsweise für die Mietkaution, Instandhaltungs- und Instandsetzungsarbeiten und für Schönheitsreparaturen. Als Gesamtschuldner haftet jeder Partner für alle Verbindlichkeiten in voller Höhe. Der Vermieter hat also grundsätzlich die Auswahl, welchen der beiden Partner er in Anspruch nimmt. Bei einem Mietrückstand kann der Vermieter also beispielsweise jeden Partner teilweise in Anspruch nehmen oder von einem der Partner die volle Miete verlangen.

Achtung: Zwar können die Partner einer nichtehelichen Lebensgemeinschaft untereinander regeln, wer beispielsweise die Miete oder einen bestimmten Teil der Miete zu tragen hat, diese interne Regelung hat allerdings gegenüber dem Vermieter keine Bedeutung. Es ändert nichts an ihrer gesamtschuldnerischen Haftung.

Anja Ziegler und Jan Schreiber haben in einem Partnerschaftsvertrag vereinbart, dass beide jeweils die Hälfte der Miete und der Nebenkosten tragen müssen. Wenn Jan seinen Mietanteil nicht zahlt, haftet Anja als Gesamtschuldner für die Miete und die Nebenkosten in voller Höhe. Der Vermieter kann von ihr also auch die Zahlung des Mietanteils von Jan verlangen.

Sind beide Partner der nichtehelichen Lebensgemeinschaft Mieter der Wohnung, haften sie für Verpflichtungen aus dem Mietverhältnis als Gesamtschuldner, umgekehrt stehen dann aber auch jedem Vertragspartner alle Rechte aus dem Mietverhältnis zu. Allerdings müssen die Partner die mietvertraglichen Rechte aber zwingend gemeinschaftlich ausüben.

Die Kündigung des Mietvertrags muss ebenso von beiden Partnern erklärt werden wie die Zustimmung zur Mieterhöhung. Verlangen die Partner vom Vermieter eine Mietminderung, müssen sie dies gemeinschaftlich gegenüber dem Vermieter erklären. Allerdings können sich die Partner wechselseitig bevollmächtigen.

Achtung: Sind beide Partner Mieter der Wohnung, so haften sie nach einer Trennung weiterhin für alle Verpflichtungen aus dem Mietvertrag. Allein der Auszug eines Partners aus der Mietwohnung entbindet ihn nicht von seinen mietvertraglichen Verpflichtungen. Das Mietverhältnis wird nicht durch den bloßen Auszug aufgelöst oder inhaltlich verändert.

Mietvertrag mit nur einem Partner

Ist nur ein Partner der nichtehelichen Lebensgemeinschaft Mieter der Wohnung, sei es, dass nur ein Partner als Vertragspartei im Mietvertrag bezeichnet ist oder ein Partner in die Wohnung des anderen Partners einzieht, treffen die mietvertraglichen Verpflichtungen nur diesen Partner. Der andere Partner haftet gegenüber dem Vermieter nicht für Verpflichtungen aus dem Mietvertrag. Der Vermieter kann also von ihm beispielsweise nicht die Zahlung der Miete und Nebenkosten oder die Durchführung von Schönheitsreparaturen verlangen.

Ohne gemeinsamen Mietvertrag stehen dem Partner, der nicht Partei des Mietvertrags ist, lediglich Nutzungsrechte an der Wohnung zu. Die Grundlage dafür ist, dass die nichteheliche Lebensgemeinschaft mit dem anderen Partner, der die Wohnung gemietet hat, besteht.

Ist nur ein Partner der nichtehelichen Lebensgemeinschaft Mieter der Wohnung, hat das für den anderen Partner den Vorteil, dass er für Verpflichtungen aus dem Mietvertrag (z.B. bei Mietausfällen) vom Vermieter nicht in Anspruch genommen werden kann. Der Nachteil ist, dass das Nutzungsrecht des hinzugezogenen Partners allein darauf beruht, dass die nichteheliche Lebensgemeinschaft mit dem Mieter besteht. Wird diese beendet, entfällt die Grundlage für seine Berechtigung, die Mietwohnung zu nutzen (vgl. dazu auch 9.3.1).

Aufnahme des Partners in die Mietwohnung des anderen

Während ein Ehepartner ohne weitere Voraussetzungen seinen Ehepartner in seine Mietwohnung aufnehmen kann, ohne dass er der Erlaubnis des Vermieters bedarf, darf ein Mieter seinen nichtehelichen Partner nur dann aufnehmen, wenn er ein berechtigtes Interesse hat und dieses Interesse nach Abschluss des Mietvertrags aufgetreten ist.

Zwar bedarf der Mieter für die Aufnahme seines nichtehelichen Partners in die Mietwohnung der Erlaubnis des Vermieters, die Hürden dafür sind allerdings nicht sehr hoch. Grundsätzlich reicht nämlich der bloße Wunsch des Mieters, seinen Lebensgefährten aufzunehmen, als berechtigtes Interesse aus. Einer näheren Begründung bedarf es nicht. Ob der Lebensgefährte gleichen oder anderen Geschlechts ist, spielt keine Rolle. Der Mieter muss den Vermieter also letztendlich um Erlaubnis fragen, dieser muss sie aber im Regelfall erteilen.

Ablehnen darf der Vermieter nur, wenn die Aufnahme des nichtehelichen Partners für ihn unzumutbar wäre. In diesem Zusammenhang sind zwei Fälle denkbar:

- Der Vermieter darf die Erteilung der Erlaubnis verweigern, wenn in der Person des aufzunehmenden nichtehelichen Partners des Mieters ein wichtiger Grund vorliegt. Das ist beispielsweise der Fall, wenn zu befürchten ist, dass vom Partner des Mieters der Hausfrieden erheblich gestört wird, etwa wenn eine Störung oder Belästigung des Vermieters oder anderer Mieter zu befürchten ist (z.B. Ruhestörungen). Ob der nichteheliche Partner in der Lage ist, die Miete zu zahlen, spielt keine Rolle, weil nicht er, sondern der Mieter dem Vermieter die Miete schuldet.
- Die Erlaubnis kann der Vermieter auch dann verweigern, wenn die Wohnung durch die Aufnahme des nichtehelichen Partners übermäßig belegt wäre, was bei einer Patchworkfamilie insbesondere dann der Fall sein kann, wenn der neue Partner mit Kindern die Wohnung bezieht.

Seine Erlaubnis kann der Vermieter regelmäßig nicht deshalb verweigern, weil er die Aufnahme eines nichtehelichen Partners in die Mietwohnung für moralisch und sittlich verwerflich hält.

Wenn der Vermieter die Erlaubnis zur Aufnahme des nichtehelichen Partners in die Mietwohnung verweigert, kann der Mieter seinen Anspruch auf Erlaubnis gerichtlich geltend machen.

Er kann stattdessen das Mietverhältnis außerordentlich mit gesetzlicher Frist kündigen, sofern nicht in der Person des aufzunehmenden Partners ein wichtiger Grund vorliegt. Voraussetzung für das Sonderkündigungsrecht des Mieters ist, dass er die Person, die er in seine Wohnung aufnehmen will, konkret benannt hat und der Vermieter die Erlaubnis verweigert oder keine Erklärung abgegeben hat. Das Schweigen des Vermieters ist als Verweigerung der Zustimmung zu werten.

2.2.7 Partnerschaftsvertrag

Wie bereits oben dargelegt, gibt es keine speziellen gesetzlichen Regelungen über die rechtlichen Verhältnisse in einer nichtehelichen Lebensgemeinschaft. Für die Partner ist das mit einer enormen Unsicherheit und Unklarheit verbunden, vor allem dann, wenn sie sich trennen und ihre Vermögensverhältnisse neu ordnen müssen. Neben den rechtlichen Unsicherheiten in den Rechtsbeziehungen der nichtehelichen Partner untereinander kommt in einer Patchworkfamilie erschwerend hinzu, dass auch die Rechtsstellung der (einseitigen und/oder gemeinschaftlichen Kinder) recht kompliziert ist.

Vor diesem Hintergrund wird der Abschluss eines Partnerschaftsvertrags empfohlen, der die jeweiligen Interessen und Bedürfnisse der Partner berücksichtigt. Im Wesentlichen kann sich der Vertrag auf Regelungen zur Haushaltsführung, der Vermögensverhältnisse, die Haftung für gemeinsame Verbindlichkeiten und vor allem auf die vermögensrechtliche Auseinandersetzung im Fall der Trennung der Partner beschränken. Der Partnerschaftsvertrag sollte schriftlich abgeschlossen werden, nur in Ausnahmefällen ist eine notarielle Beurkundung erforderlich (beispielsweise bei Übertragung einer Immobilie oder einem Schenkungsversprechen).

Wichtig ist es auch, den Partnerschaftsvertrag grundsätzlich zu Beginn der nichtehelichen Lebensgemeinschaft abzuschließen. Denn ist einmal Streit entstanden, ist die Möglichkeit, ein für beide Seiten als fair empfundenes Einvernehmen zu erzielen, regelmäßig auf null reduziert. Bei einem harmonischen Verhältnis wird die Bereitschaft der Partner, sich gemeinsam um eine faire Lösung zu bemühen, eher gegeben sein. Gehen die Partner dagegen im Streit auseinander, ist die Möglichkeit, sich einvernehmlich zu einigen, regelmäßig viel schwieriger, weil nicht selten emotionale Faktoren bei den Streitpositionen eine Rolle spielen werden.

Muster: Partnerschaftsvertrag

Partnerschaftsvertrag

zwischen

Frau __________, geboren am __________, wohnhaft in __________,

und

Herrn __________, geboren am __________, wohnhaft in __________.

§ 1 Vorbemerkung

1. Wir sind beide ledig und wollen in einer nichtehelichen Lebensgemeinschaft zusammenleben und einen gemeinsamen Haushalt führen.

2. Eine Heirat ist zurzeit nicht geplant, wir möchten aber füreinander Verantwortung tragen, wenn ein Partner in den verschiedenen Lebenslagen (z.B. Krankheit, Arbeitslosigkeit) Unterstützung benötigt.

3. Die Lebensgemeinschaft hat am _____ begonnen. Wir gehen davon aus, dass sie auf unbestimmte Zeit bestehen wird.

4. Aus der Beziehung sind bislang keine Kinder hervorgegangen. Beide Partner wollen in ihren bisherigen Berufen weiterhin tätig sein.

5. Mit sofortiger Wirkung treffen wir folgende Vereinbarungen hinsichtlich unserer Beziehung und für den Fall der Trennung:

§ 2 Gemeinsame Lebensführung

Wir verpflichten uns, zum gemeinsamen Lebensunterhalt beizutragen und die laufenden Kosten unserer gemeinsamen Lebensführung zu gleichen Teilen zu übernehmen.

§ 3 Wohnung

1. Die Wohnung in _____ haben wir gemeinsam gemietet. Beide Partner sind aus dem Mietverhältnis berechtigt und verpflichtet.

2. Die mit der Anmietung verbundenen Kosten (z.B. Miete, Nebenkosten, Instandhaltungskosten, Schönheitsreparaturen) tragen die Partner je zur Hälfte. Die entsprechenden Geldbeträge sind fristgerecht auf das von den Partnern eingerichtete Gemeinschaftskonto zu überweisen.

3. Für die Aufnahme Dritter in die Wohnung ist die Zustimmung beider Partner erforderlich. Für gelegentliche Besuche von Verwandten und Freunden gilt diese Zustimmung als erteilt.

4. Wird die Lebensgemeinschaft von einem Partner aufgelöst, hat der andere Partner das Recht, die Wohnung allein zu übernehmen. In diesem Fall ist der Partner, der die Wohnung allein weiternutzt, verpflichtet, die Miete, die Nebenkosten und alle weiteren nach dem Umzug anfallenden Kosten allein zu tragen. Etwaige Zahlungsrückstände des ausgezogenen Partners sowie anteilige Kosten für bis zum Auszug fällige Schönheitsreparaturen sind von diesem zu zahlen. Der aus der Wohnung ausgezogene Partner wird von weiteren Zahlungsverpflichtungen gegenüber dem Vermieter freigestellt.

5. Wird die gemeinsame Wohnung wegen der Beendigung der Lebensgemeinschaft aufgegeben, so sind beide Partner verpflichtet, bei der Kündigung des Mietverhältnisses mitzuwirken. Die mit der Beendigung des Mietverhältnisses zusammenhängenden Kosten sind unter den Partnern nach gleichen Teilen aufzuteilen.

§ 4 Haushaltsführung und Erwerbstätigkeit

1. Die Partner führen den Haushalt gemeinsam. Beide Partner sind zur Haushaltsführung berechtigt und verpflichtet. Die Arbeitseinteilung erfolgt nach Absprache.

2. Die Kosten für die gemeinsame Haushaltsführung werden von den Partnern je zur Hälfte getragen. Die Zahlungen werden über ein Gemeinschaftskonto der Partner abgewickelt, auf das jeder Partner für die gemeinsame Lebensführung inklusive der Miete, Nebenkosten, Telefon- und Internetgebühren, Kfz-Kosten sowie Versicherungen monatlich im Voraus einen Betrag von _____ Euro einzuzahlen hat. Kosten der persönlichen Lebensführung (z.B. für Kleidung, Kosmetika, Bücher, CDs) hat jeder Partner selbst zu tragen.

3. Mehraufwendungen eines Partners für die Haushaltsführung sind auszugleichen. Der Anspruch erlischt, wenn er nicht innerhalb von drei Monaten nach seiner Entstehung geltend gemacht wird.

4. Jeder Partner hat bei Auflösung der Lebensgemeinschaft gegebenenfalls noch ausstehende Monatszahlungen nachzuzahlen. Weist das Gemeinschaftskonto danach ein Guthaben auf, wird dieses nach Abzug der Kosten zwischen den Partnern hälftig geteilt. Ein etwaiges Soll ist von beiden Partnern zu gleichen Teilen auszugleichen.

5. Ein Ausgleich der während der Dauer der Lebensgemeinschaft für den gemeinsamen Haushalt erbrachten Leistungen und finanziellen Aufwendungen findet im Falle der Trennung nicht statt.

§ 5 Vermögen

1. Jeder Partner bleibt Eigentümer der von ihm in die Lebensgemeinschaft eingebrachten Sachen bzw. seines in die Lebensgemeinschaft eingebrachten Vermögens. Die Tatsache, dass dem anderen Partner der Gebrauch der Gegenstände während der Dauer der Lebensgemeinschaft gestattet wird, begründet für den Partner keinen Anspruch auf Einräumung von Miteigentum.

_____ *[Name des anderen Partners]* hat folgende Gegenstände in die Lebensgemeinschaft eingebracht: _____

_____

_____

_____ *[Name des anderen Partners]* hat folgende Gegenstände in die Lebensgemeinschaft eingebracht: _____

_____

_____

Wird für einen dieser Gegenstände während der Dauer der Lebensgemeinschaft Ersatz angeschafft, wird der bisherige Eigentümer auch Eigentümer des Ersatzgegenstands.

Für im Alleineigentum eines Partners stehende Gegenstände, die er in die gemeinsame Wohnung oder den gemeinsamen Haushalt zur gemeinsamen Nutzung eingebracht hat, kann er weder während der Lebensgemeinschaft noch nach der Trennung der Partner eine Nutzungsentschädigung verlangen.

2. Zum Alleineigentum eines Partners gehören auch die Gegenstände, die von ihm während des Bestehens der Lebensgemeinschaft angeschafft wurden, ferner auch Gegenstände und Vermögen, die er von Todes wegen erwirbt oder die ihm von Dritten unentgeltlich zugewendet wurden.

3. An den während der Lebensgemeinschaft erworbenen Haushaltsgegenständen erhält jeder Partner Miteigentum. Solche im Miteigentum der Partner stehenden Gegenstände sollen im Falle der Trennung unter den Partnern gemäß der als Anlage beigefügten Teilungsvereinbarung aufgeteilt werden.

4. Soll einer der Partner an während der Partnerschaft erworbenen Gegenständen ausnahmsweise Alleineigentum erwerben, muss dies zwischen den Partnern ausdrücklich vereinbart werden.

§ 6 Verbindlichkeiten

1. Verbindlichkeiten gehen allein zulasten des Partners, der sie eingeht. Im Fall der Trennung hat jeder Partner seine Verbindlichkeiten allein zu tragen.

2. Gemeinsame Verbindlichkeiten der Partner entstehen nur dann, wenn sich beide Partner vertraglich verpflichten oder ein Partner für Verbindlichkeiten des anderen Sicherheit leistet (z.B. durch Übernahme einer Bürgschaft).

3. Wurde ein Gegenstand aus Darlehensmitteln erworben und behält einer der Partner diesen nach der Trennung für sich allein, so verpflichtet er sich, unverzüglich die Schuldentlassung des anderen Partners bzw. dessen Entlassung aus der Bürgschaft herbeizuführen. Von den während des Bestehens der Lebensgemeinschaft erbrachten Zins- und Tilgungsleistungen hat der Partner, der den Gegenstand behält, den hälftigen Anteil zu erstatten.

§ 7 Vertretung

1. Im Rechtsverkehr tritt jeder Partner für sich allein auf. Der andere Partner wird durch ihn weder berechtigt noch verpflichtet.

2. Im Rahmen einer gesondert zu erteilenden Vorsorgevollmacht werden sich die Partner wechselseitig bevollmächtigen, dass sie den jeweils anderen Partner im Todes- oder Krankheitsfall rechtsgeschäftlich vertreten dürfen.

§ 8 Haftungsmaßstab

Jeder Partner haftet für Schäden, die auf einer Handlung beruhen, die im Rahmen unseres Zusammenlebens erfolgt, nur für die Sorgfalt, die er in eigenen Angelegenheiten anzuwenden pflegt.

§ 9 Beendigung der Lebensgemeinschaft

Jeder Partner kann die Lebensgemeinschaft jederzeit und ohne Angabe von Gründen beenden. Im Zweifel gilt der Auszug eines Partners aus der gemeinsam genutzten Wohnung als Auflösung der Lebensgemeinschaft.

§ 10 Unterhalt

1. Den Partnern ist bekannt, dass sowohl während des Bestehens der Lebensgemeinschaft als auch im Fall der Trennung keine gegenseitigen Unterhaltsansprüche bestehen. Das gilt auch dann, wenn ein Partner seine Erwerbstätigkeit aufgibt oder reduziert, um die Lebensgemeinschaft zu verwirklichen. Unterhaltsansprüche bestehen auch dann nicht, wenn ein Partner so krank, gebrechlich oder alt ist, dass ihm keine Erwerbstätigkeit zuzumuten ist. Gleiches gilt für den Fall der Arbeitslosigkeit oder für den Fall, dass ein Partner nach der Trennung eine Ausbildung, Fortbildung oder Umschulung anstrebt.

2. Sollte aus der Beziehung ein gemeinsames Kind hervorgehen, dann erhält im Fall der Trennung der Partner, bei dem das Kind lebt, einen monatlichen Unterhalt von _____ Euro, zahlbar bis zum dritten Werktag eines jeden Kalendermonats im Voraus. Der Anspruch besteht, solange und soweit von dem betreuenden Partner wegen der Pflege oder Erziehung des gemeinschaftlichen Kindes eine Erwerbstätigkeit nicht erwartet werden kann.

3. Der Anspruch des Kindes auf den gesetzlichen Unterhalt bleibt hiervon unberührt.

§ 11 Schenkungen

Schenkungen während der Lebensgemeinschaft können die Partner im Fall der Trennung nicht zurückverlangen.

§ 12 Schlussbestimmungen

1. Sollten einzelne Bestimmungen dieses Vertrages ganz oder teilweise unwirksam oder undurchführbar sein oder werden, so lässt dies die Wirksamkeit der übrigen Bestimmungen dieses Vertrages unberührt. Dies gilt auch in dem Fall, dass sich der Vertrag als lückenhaft herausstellen sollte. An die Stelle der unwirksamen oder undurchführbaren Bestimmung soll diejenige wirksame und durchführbare Regelung treten, deren Wirkungen der wirtschaftlichen Zielsetzung am nächsten kommen, die die Vertragsparteien mit der unwirksamen bzw. undurchführbaren Bestimmung verfolgt haben. Die vorstehenden Bestimmungen gelten entsprechend für den Fall, dass sich der Vertrag als lückenhaft erweist.

2. Ergänzungen dieses Vertrags bedürfen, soweit nicht eine notarielle Beurkundung erforderlich ist oder diese von den Partnern gewünscht wird, der Schriftform. Dies gilt auch für die Aufhebung des Schriftformerfordernisses.

[Ort, Datum]

[Unterschriften der Partner]

In einer gesonderten Teilungsvereinbarung zur Ergänzung des Partnerschaftsvertrags sollten die nichtehelichen Partner regeln, welche Gegenstände ihres Hausstands beiden zusammen gehören. Gleichzeitig sollte festgelegt werden, welcher Partner welchen Gegenstand im Fall der Trennung übernimmt und welchen Ausgleich der andere Partner dafür erhält.

Muster: Teilungsvereinbarung

Teilungsvereinbarung

zwischen

Frau __________, geboren am __________, wohnhaft in __________,

und

Herrn __________, geboren am __________, wohnhaft in __________.

Nach § 5 Abs. 3 des Partnerschaftsvertrags erhält jeder Partner an den während der Partnerschaft erworbenen Haushaltsgegenständen Miteigentum. Für den Fall der Beendigung der Partnerschaft treffen wir folgende Vereinbarung:

Folgende Gegenstände stehen im gemeinsamen Eigentum der Partner:

1. ____________________
2. ____________________
3. ____________________
4. ____________________
5. ____________________
6. ____________________
7. ____________________
8. ____________________

Im Fall der Beendigung der Lebensgemeinschaft erhält _______________ *[Name des Partners]* folgende Gegenstände zum alleinigen Eigentum:

1. ____________________
2. ____________________
3. ____________________
4. ____________________

Im Gegenzug erhält ________________ *[Name des anderen Partners]* folgende Gegenstände zum alleinigen Eigentum:

1. ______________________
2. ______________________
3. ______________________
4. ______________________

[Ort, Datum]

[Unterschriften der Partner]

Die Mustertexte des Partnerschaftsvertrags und der Teilungsvereinbarung finden Sie auch zum Download unter www.steuertipps.de/patchworkfamilie.

3 Sorgerecht für Kinder

Solange ein Kind minderjährig ist, ist es der elterlichen Sorge anvertraut. Die elterliche Sorge ist eine Pflicht und gleichzeitig ein Recht der Eltern, also sowohl ein Fürsorge- als auch ein Schutzverhältnis für minderjährige Kinder. In diesem Zusammenhang steht das Wohl des Kindes an erster Stelle. Das elterliche Sorgerecht beginnt mit der Geburt des Kindes und endet mit dessen Volljährigkeit.

Leben die Partner in einer Patchworkfamilie, ist hinsichtlich des Sorgerechts für die Kinder von Bedeutung, ob sie verheiratet sind oder in einer nichtehelichen Lebensgemeinschaft leben, und ob es sich um gemeinschaftliche Kinder oder um Kinder nur eines Partners (sog. einseitige Kinder) handelt.

3.1 Inhalt des Sorgerechts

Das elterliche Sorgerecht verpflichtet und berechtigt die Eltern, Entscheidungen für das Kind zu treffen. Dabei beinhaltet das Sorgerecht sowohl die Sorge für die Person des Kindes als auch für dessen Vermögen, ferner das Recht, das Kind zu vertreten.

- **Personensorge:** Zur Personensorge gehören unter anderem das Recht, den Aufenthalt des Kindes zu bestimmen, in ärztliche Behandlungen einzuwilligen, das Kind zu pflegen und zu erziehen, Entscheidungen über die Ausbildung des Kindes zu treffen, über die Freizeit und den Umgang des Kindes und dessen religiöse Erziehung zu entscheiden.
- **Vermögenssorge:** Die Vermögenssorge erstreckt sich insbesondere darauf, das Kind in Vermögensangelegenheiten zu vertreten. Zum Vermögen des Kindes gehören unter anderem Barvermögen, Grundbesitz, Wertpapiere oder Geschäftsbetriebe. Für die Vermögenssorge dürfen die Eltern grundsätzlich kein Entgelt verlangen.

- **Vertretung des Kindes:** Die elterliche Sorge umfasst die Vertretung des Kindes. Die Eltern vertreten das Kind gemeinschaftlich. Ein Elternteil vertritt das Kind allein, soweit er die elterliche Sorge allein ausübt. Entsprechendes gilt, wenn sich die Eltern bei Meinungsverschiedenheiten nicht einigen können und das Familiengericht auf Antrag eines Elternteils die Entscheidung einem Elternteil überträgt. Bei Gefahr im Verzug ist jeder Elternteil dazu berechtigt, alle Rechtshandlungen vorzunehmen, die zum Wohl des Kindes notwendig sind; der andere Elternteil ist unverzüglich zu unterrichten.

3.2 Inhaber des Sorgerechts

Wer Inhaber der elterlichen Sorge ist, hängt nicht zuletzt davon ab, ob es sich um ein eheliches oder nichteheliches Kind handelt.

3.2.1 Elterliche Sorge für eheliche Kinder

Sind die Eltern des Kindes im Zeitpunkt der Geburt miteinander verheiratet, so steht ihnen die elterliche Sorge für das Kind gemeinsam zu. Das ist auch dann der Fall, wenn die Eltern nicht zusammenleben. Auch durch Trennung und Scheidung wird das gemeinsame Sorgerecht der Eltern nicht beseitigt (vgl. dazu 8.4.1).

Wird das Kind vor der Heirat der Eltern geboren, so ist es nichtehelich. In diesem Fall besteht Alleinsorge der Mutter, wenn der Vater keine Sorgerechtserklärung abgegeben hat. Die spätere Heirat der Eltern führt in diesem Fall automatisch zur gemeinsamen Sorge für das Kind kraft Gesetzes. Unabhängig davon können beide Eltern jedoch auch schon vor der Heirat durch beiderseitige Sorgerechtserklärungen die gemeinsame Sorge für das Kind begründen.

Die elterliche Sorge ist von den Eltern in eigener Verantwortung und in gegenseitigem Einvernehmen zum Wohl des Kindes auszuüben. Das Kindeswohl, das alle Bedürfnisse des Kindes umfasst, ist also jeweils Maßstab und Richtschnur des Handelns der Eltern. Bei

Meinungsverschiedenheiten müssen die Eltern versuchen, sich zu einigen; auch in diesem Fall ist das Kindeswohl zu berücksichtigen. Können sich die Eltern in einer einzelnen Angelegenheit (z.B. eine bestimmte ärztliche Behandlung des Kindes) oder in einer bestimmten Art von Angelegenheiten der elterlichen Sorge (z.B. über die schulische Ausbildung des Kindes), deren Regelung für das Kind von erheblicher Bedeutung ist, nicht einigen, so kann das Familiengericht auf Antrag eines Elternteils die Entscheidung einem Elternteil übertragen. Die Übertragung kann mit Beschränkungen oder mit Auflagen verbunden werden.

3.2.2 Elterliche Sorge für nichteheliche Kinder

Sind die Eltern des Kindes nicht verheiratet, so steht grundsätzlich der Mutter das Sorgerecht für das minderjährige Kind zu. Allerdings haben auch nicht miteinander verheiratete Eltern die Möglichkeit, die gemeinsame Sorge zu erlangen. Das ist der Fall,

- wenn sie erklären, dass sie die Sorge gemeinsam übernehmen wollen,
- wenn sie einander heiraten oder
- soweit ihnen das Familiengericht die elterliche Sorge gemeinsam überträgt.

Sorgerechtserklärung

Nicht miteinander verheiratete Eltern können durch gleichlautende Sorgerechtserklärungen die gemeinsame elterliche Sorge begründen und damit die gemeinschaftliche Verantwortung für das nicht in einer Ehe geborene Kind übernehmen. Die Zustimmung des Kindes ist nicht erforderlich. Die Sorgerechtserklärungen müssen öffentlich beurkundet werden.

Entscheidung des Familiengerichts

Auch ohne entsprechende Sorgerechtserklärungen von Vater und Mutter kann die gemeinsame elterliche Sorge eines nichtehelichen Kindes erlangt werden. Erforderlich ist eine entsprechende Entscheidung des Familiengerichts, die von jedem Elternteil beantragt werden kann. Diese Möglichkeit steht allen Vätern im Fall der Zustimmungsverweigerung durch die Mutter offen. Voraussetzung für die gerichtliche Übertragung der elterlichen Sorge an beide Eltern ist, dass die Übertragung dem Kindeswohl nicht widerspricht.

Tina Weller und Marcus Keller sind nicht miteinander verheiratet. Die elterliche Sorge für das gemeinsame Kind Paul, dessen Vaterschaft Marcus anerkannt hat, steht der Mutter zu. Wenn die Eltern die gemeinsame Sorge begründen wollen, können sie entweder einander heiraten oder gleichlautende Sorgerechtserklärungen abgeben. Will der Vater die gemeinsame Sorge, die Mutter aber nicht, so kann er beim Familiengericht die Übertragung der gemeinsamen Sorge beantragen.

3.2.3 Elterliches Sorgerecht bei Patchworkfamilien

Leben die Partner in einer Patchworkfamilie, ist hinsichtlich des Sorgerechts für die Kinder von Bedeutung, ob sie verheiratet sind oder in einer nichtehelichen Lebensgemeinschaft leben, und ob es sich um gemeinschaftliche Kinder oder um Kinder nur eines Partners (sog. einseitige Kinder) handelt.

Sorgerecht bei verheirateten Partnern

Wer Inhaber des Sorgerechts für Kinder in der Patchworkfamilie ist, richtet sich danach, ob es sich um einseitige oder gemeinschaftliche Kinder handelt.

Sorgerecht bei einseitigen Kindern

Handelt es sich um ein echtes Stiefelternverhältnis, gilt für das Sorgerecht bei einseitigen Kindern Folgendes:

- **Alleiniges Sorgerecht eines Elternteils:** Steht dem Ehepartner das alleinige Sorgerecht für sein Kind zu, hat der Stiefelternteil das Recht, in Alltagsangelegenheiten des Kindes (z.B. Freizeitgestaltung, Zustimmung zu einem Klassenausflug) mitzuentscheiden (sog. kleines Sorgerecht). Kein Mitentscheidungsrecht steht dem Elternteil in Angelegenheiten von erheblicher Bedeutung zu (z.B. Wahl der Schulart sowie der konkreten Schule, medizinische Eingriffe, ob und wogegen das Kind geimpft werden soll). Der Stiefelternteil darf seine Mitentscheidungsbefugnisse in Angelegenheiten des täglichen Lebens nur im Einvernehmen mit dem sorgeberechtigten Elternteil ausüben. Ein Notvertretungsrecht steht dem Stiefelternteil bei Gefahr im Verzug zu. In Notfällen ist er dann berechtigt, alle erforderlichen Rechtshandlungen für das Kind vorzunehmen, wenn der sorgeberechtigte Elternteil nicht rechtzeitig erreicht werden kann (z.B. Beauftragung eines Arztes bei einer plötzlich auftretenden Krankheit oder bei Verletzungen). In diesem Fall muss der sorgeberechtigte Elternteil unverzüglich hierüber informiert werden.
- **Gemeinsames Sorgerecht mit geschiedenem Elternteil:** Teilen sich der Patchworkpartner mit Kind und sein Ex-Partner das gemeinsame Sorgerecht, so steht dem Stiefelternteil das kleine Sorgerecht nicht zu. Entscheidungsbefugnisse in Alltagsangelegenheiten des Kindes können dem Stiefelternteil nur durch eine entsprechende Vollmacht der beiden sorgeberechtigten Elternteile eingeräumt werden. Bei grundlegenden Entscheidungen für das Kind muss der mitsorgeberechtigte Elternteil stets zustimmen.

Sorgerecht bei gemeinschaftlichen Kindern

Sind die Eltern des Kindes im Zeitpunkt der Geburt miteinander verheiratet, so steht ihnen die elterliche Sorge für das Kind gemeinsam zu. Das ist auch dann der Fall, wenn die Eltern nicht zusammenleben. Auch durch Trennung und Scheidung wird das gemeinsame Sorgerecht der Eltern nicht beseitigt (vgl. dazu 8.4.1).

Sorgerecht bei nicht verheirateten Partnern

Auch bei nicht verheirateten Partnern in einer Patchworkfamilie ist für das Sorgerecht von Bedeutung, ob es sich um einseitige oder gemeinschaftliche Kinder handelt.

Sorgerecht bei einseitigen Kindern

Leben die Partner der Patchworkfamilie in einer nichtehelichen Lebensgemeinschaft zusammen, hat der nicht sorgeberechtigte Partner in Alltagsangelegenheiten auch dann keine Mitentscheidungsbefugnisse (kleines Sorgerecht), wenn dem anderen Partner das Alleinsorgerecht für das Kind zusteht. In diesem Fall können dem Partner Mitentscheidungsbefugnisse nur durch eine entsprechende Vollmacht eingeräumt werden.

Sorgerecht bei gemeinschaftlichen Kindern

Sind die Eltern des gemeinschaftlichen Kindes nicht verheiratet, so steht grundsätzlich der Mutter das Sorgerecht für das minderjährige Kind zu. Allerdings haben auch nicht miteinander verheiratete Eltern die Möglichkeit, die gemeinsame Sorge zu erlangen. Das ist der Fall, wenn sie erklären, dass sie die Sorge gemeinsam übernehmen wollen, wenn sie einander heiraten oder soweit ihnen das Familiengericht die elterliche Sorge gemeinsam überträgt (vgl. dazu 3.2.2).

4 Kindesunterhalt

Auch im Zusammenhang mit der Leistung von Kindesunterhalt in der Patchworkfamilie ist von Bedeutung, ob es sich um einseitige oder gemeinschaftliche Kinder handelt.

4.1 Keine Unterhaltspflicht gegenüber Stiefkindern

Gegenüber Kindern, die der Ehepartner in die Patchworkfamilie einbringt (Stiefkinder), ist der andere Partner nicht unterhaltspflichtig. Das gilt unabhängig von dessen Einkommen und Vermögen. Eine Unterhaltspflicht entsteht allerdings dann, wenn ein Partner das Kind des anderen Partners adoptieren würde. Adoptierte Kinder stehen den eigenen Kindern gleich.

Auch wenn die Patchworkfamilie in Form einer nichtehelichen Lebensgemeinschaft geführt wird, besteht keine Unterhaltspflicht eines Partners gegenüber den vom anderen Partner in die Beziehung eingebrachten Kinder.

Achtung: Anspruch auf Kindesunterhalt in Form von Barunterhalt entsteht dann, wenn der Elternteil, bei dem das Kind aufwächst, seinen Unterhaltsbeitrag in der Regel durch dessen Pflege und Erziehung erfüllt (sog. Naturalunterhalt), während der andere Elternteil Barunterhalt leistet. In diesem Fall endet die Barunterhaltspflicht gegenüber dem Kind grundsätzlich nicht, wenn der naturalunterhaltspflichtige Elternteil eine neue familiäre Beziehung begründet und das unterhaltsberechtigte Kind in einer Patchworkfamilie aufwächst.

4.2 Unterhalt für gemeinschaftliche Kinder

Wie unter 2.1.4 dargelegt, haben Ehepartner einen wechselseitigen Anspruch auf Unterhalt. Der sogenannte Familienunterhalt umfasst den gesamten Bedarf für die Familie einschließlich der Kinder. Mit seinem Beitrag zum Familienunterhalt versorgt der Partner auch die **in der zweiten Ehe** geborenen gemeinschaftlichen Kinder. Für diese Kinder zahlt er keinen Barunterhalt. Dieser fällt erst dann an, wenn sich die Ehepartner trennen und ein Ehepartner das gemeinschaftliche Kind betreut. Näheres dazu unter 8.3.1.

5 Namensänderung des Stiefkindes

Kinder in Patchworkfamilien leiden häufig darunter, dass sie nicht den Familiennamen ihrer Eltern bzw. Stiefeltern tragen. Allerdings ist es unter bestimmten Voraussetzungen möglich, den Familiennamen eines Stiefkindes zu ändern.

5.1 Familienname des Kindes

Für den Familiennamen des ehelichen Kindes ist von Bedeutung, ob die Eltern miteinander verheiratet sind oder nicht.

5.1.1 Verheiratete Eltern

Für den Namen des Kindes ist von Bedeutung, ob beide Eltern gemeinsam das Sorgerecht ausüben oder nur ein Elternteil das Sorgerecht hat.

Gemeinsame elterliche Sorge

Führen die Eltern im Zeitpunkt der Geburt des Kindes einen gemeinsamen Familiennamen (Ehenamen), so erhält auch ihr Kind diesen Namen als Geburtsnamen. Hat ein Ehepartner, dessen Geburtsname nicht Ehename ist, dem Ehenamen einen Begleitnamen hinzugefügt, kann dieser Begleitname nicht Geburtsname des Kindes werden. Das Kind erhält nur den gemeinsamen Ehenamen der Eltern.

Führen die Eltern keinen Ehenamen und steht ihnen die elterliche Sorge gemeinsam zu, so können sie den Familiennamen der Mutter oder des Vaters als Geburtsnamen des Kindes bestimmen. Auch ein bereits aus früher geführtem Ehenamen und Begleitnamen zusammengesetzter Doppelname eines Elternteils kann zum Geburtsnamen des Kindes geführt werden. Dagegen kann ein aus den Familiennamen beider Elternteile zusammengesetzter Doppelname nicht gebildet werden. Die Entscheidung über den Namen müssen die Eltern gemeinsam treffen. Die Namenswahl erfolgt durch Erklärung der Eltern gegenüber dem Standesamt und muss – wenn dies nicht bereits bei Anmeldung der Geburt des Kindes geschieht – innerhalb eines Monats nach der Geburt in öffentlich beglaubigter Form geschehen.

Achtung: Eine von den Eltern für das erste Kind getroffene Bestimmung gilt auch für ihre weiteren Kinder.

Können sich die Eltern über die Namensbestimmung nicht einigen, überträgt das Familiengericht die Entscheidung einem der beiden Elternteile. Das Gericht kann dem Elternteil für die Ausübung des Bestimmungsrechts eine Frist setzen. Ist nach Ablauf der Frist das Bestimmungsrecht nicht ausgeübt worden, so erhält das Kind den Namen des Elternteils, dem das Bestimmungsrecht übertragen ist.

Alleinsorge eines Elternteils

Liegt die elterliche Sorge allein bei einem der beiden Elternteile (zur Zeit der Geburt wird das in der Regel die Mutter sein), so erhält das Kind den Familiennamen dieses Elternteils. Die Eltern können sich jedoch einvernehmlich auch für den Namen des anderen Elternteils entscheiden. Haben die Eltern nach Heirat oder durch Abgabe von Sorgerechtserklärungen später die gemeinsame Sorge für ihr Kind, so können sie innerhalb von drei Monaten den Familiennamen des Kindes neu bestimmen und zwischen den von den beiden Elternteilen zu diesem Zeitpunkt geführten Namen wählen. Ist das Kind fünf Jahre alt, bedarf diese Namensänderung seiner Zustimmung. Nach Vollendung des 14. Lebensjahres kann das Kind die Erklärung nur selbst abgeben, es bedarf hierzu allerdings der Einwilligung des gesetzlichen Vertreters. Bestimmen die Eltern nachträglich einen Ehenamen, erstreckt sich dieser automatisch auf das Kind, wenn es das fünfte Lebensjahr noch nicht vollendet hat. Ist das Kind älter, ist auch hier seine Zustimmung erforderlich.

5.1.2 Nicht verheiratete Eltern

Nicht verheiratete Eltern führen keinen gemeinsamen Namen, den sie an das Kind weitergeben können. Der Familienname des Kindes richtet sich deshalb nach dem Sorgerecht.

- **Gemeinsame elterliche Sorge:** Steht den Eltern die Sorge gemeinsam zu, erhält das Kind den Familiennamen eines Elternteils. Die Eltern haben ein Wahlrecht. Sie können durch Erklärung gegenüber dem Standesamt den Namen, den der Vater oder die Mutter zur Zeit der Geburt des Kindes führt, zum Geburtsnamen des Kindes bestimmen. Können sie sich nicht einigen, überträgt das Familiengericht die Entscheidung einem der beiden Elternteile. Das Gericht kann dem Elternteil für die Bestimmung des Namens eine Frist setzen. Wurde nach Ablauf der Frist noch kein Name bestimmt, so erhält das Kind den Namen des Elternteils, dem das Bestimmungsrecht übertragen ist.
- **Sorgerecht nur eines Elternteils:** Steht die elterliche Sorge nur einem Elternteil zu (zur Zeit der Geburt wird das in der Regel die Mutter sein), so erhält das Kind den Familiennamen dieses Elternteils. Die Eltern können sich jedoch durch Erklärung gegenüber dem Standesamt einvernehmlich auch für den Namen des anderen Elternteils entscheiden. Wenn das Kind das fünfte Lebensjahr vollendet hat, ist auch die Einwilligung des Kindes erforderlich.

Begründen die Eltern später die gemeinsame Sorge für ihr Kind, so können sie innerhalb von drei Monaten den Familiennamen des Kindes neu bestimmen und zwischen den von beiden Elternteilen zu diesem Zeitpunkt geführten Namen wählen. Ist das Kind fünf Jahre alt, bedarf die Namensänderung seiner Zustimmung.

5.2 Einbenennung

Heiratet ein Elternteil, bei dem das Kind lebt, einen anderen Partner als den anderen Elternteil des Kindes und wird der Name dieses Stiefelternteils Ehename, so hat das Kind nicht den gleichen Familiennamen wie seine Mutter oder sein Vater. Um das Kind besser in die Stieffamilie zu integrieren, kann es für die weitere Entwicklung des Kindes sinnvoll sein, den Familiennamen des Kindes anzugleichen und für die Zukunft den Ehenamen als Familiennamen des Kindes zu bestimmen (sog. Einbenennung).

5.2.1 Voraussetzungen

Für die Einbenennung hat keine Bedeutung, welchen Namen das einzubenennende Kind trägt, aufgrund welcher Umstände (vgl. dazu 6.1) es also seinen Geburtsnamen erlangt hat. Häufig soll das Kind einer unverheirateten Frau, das den Namen seiner Mutter führt, den Namen seines Stiefelternteils erhalten, der zum Ehenamen geworden ist.

Die Namensänderung ist unter folgenden Voraussetzungen möglich:

- **Ehename:** Die Einbenennung ist nur zulässig, wenn eine Stieffamilie begründet wurde. Der sorgeberechtigte Elternteil und der Stiefelternteil müssen miteinander verheiratet sein und einen gemeinsamen Ehenamen bestimmt haben. Die Einbenennung kommt nicht in Betracht, wenn der sorgeberechtigte Elternteil und der Stiefelternteil keinen Ehenamen führen. Dem Kind kann mithin nicht der von seinem Namen abweichende Name des sorgeberechtigten Elternteils oder des Stiefelternteils erteilt werden.
- **Sorgerecht:** Dem verheirateten Elternteil, der die Namensbestimmung vornehmen möchte, muss das Sorgerecht für das Kind zustehen. Die Einbenennung ist sowohl bei Alleinsorge als auch bei gemeinsam sorgeberechtigten Eltern möglich.

- **Gemeinsamer Haushalt:** Das Kind muss in den gemeinsamen Haushalt des sorgeberechtigten Elternteils und des Stiefelternteils aufgenommen worden sein. Es muss also zwischen den Eheleuten eine häusliche Gemeinschaft bestehen, in der auch das Kind seinen Lebensmittelpunkt hat.
- **Zustimmung des anderen Elternteils:** Für die Namensänderung ist die Zustimmung des anderen Elternteils erforderlich, wenn dieser gemeinsam mit dem Elternteil, der die Namensbestimmung vornehmen möchte, sorgeberechtigt ist. Die Zustimmung ist auch erforderlich, wenn das Kind den Namen des anderen Elternteils führt. Das Familiengericht kann die Einwilligung des anderen Elternteils ersetzen, wenn die Einbenennung zum Wohl des Kindes erforderlich ist. Voraussetzung dafür ist, dass konkrete Umstände vorliegen, die das Kindeswohl gefährden, und die Einbenennung deshalb unerlässlich ist, um Schäden von dem Kind abzuwenden. So kann beispielsweise die Zustimmung des anderen Elternteils ersetzt werden, wenn das Kind seit mehreren Jahren als Nachnamen den neuen Namen führt und nur unter diesem Namen bekannt ist, ferner wenn der Vater des Kindes seit mehreren Jahren weder Umgang mit dem Kind begehrt noch Unterhalt zahlt.
- **Zustimmung des Kindes:** Die Zustimmung des Kindes für die Namensänderung ist erforderlich, wenn es das fünfte Lebensjahr vollendet hat. Es ist nicht möglich, dass die Zustimmung des Kindes durch das Familiengericht ersetzt wird.

5.2.2 Wirksamkeit der Einbenennung

Die Einbenennung erfolgt durch Erklärungen des sorgeberechtigten Elternteils, des Stiefelternteils, des anderen Elternteils, soweit seine Zustimmung erforderlich ist, und des Kindes, wenn es das fünfte Lebensjahr vollendet hat, gegenüber dem zuständigen Standesamt.

Die Beteiligten müssen jeweils eine eigene Erklärung höchstpersönlich abgeben. Die Erklärungen müssen öffentlich von einem Notar oder Standesbeamten beglaubigt werden.

5.2.3 Rechtsfolgen

Wenn alle Erklärungen vorliegen, verliert das Kind seinen Geburtsnamen und erhält den Ehenamen des sorgeberechtigten Elternteils und des Stiefelternteils als neuen Geburtsnamen.

Achtung: Über die namensrechtliche Verbindung hinaus begründet die Namenserteilung keine verwandtschaftlichen, unterhaltsrechtlichen oder erbrechtlichen Beziehungen zwischen dem Kind und dem Stiefelternteil. Der Stiefelternteil erhält auch kein Sorgerecht für das Kind. Das Sorgerecht bleibt entweder beim zuvor alleinsorgeberechtigten Elternteil oder es bleibt das gemeinsame Sorgerecht zusammen mit dem leiblichen anderen Elternteil bestehen.

---

6 Adoption des Stiefkindes

Stiefeltern und Stiefkinder sind nicht miteinander verwandt. Sie stehen in keiner rechtlichen Eltern-Kind-Beziehung zueinander. Für die Patchworkfamilie sind damit einige Nachteile verbunden. Um dies zu ändern, kann der Stiefelternteil die Adoption des Kindes beantragen. Die meisten Adoptionen in Deutschland sind Stiefkindadoptionen. Laut Statistischem Bundesamt werden mittlerweile zwei Drittel aller Adoptivkinder von einem Stiefelternteil angenommen.

Es gibt unterschiedliche Gründe, die Eltern zu einer Stiefkindadoption bewegen. Dazu gehört unter anderem, dass schon seit vielen Jahren kein Kontakt mehr zu dem leiblichen Elternteil besteht, dass dieser verstorben oder unbekannt ist oder das Stiefkind durch die Adoption die gleichen Rechte wie die leiblichen Kinder des Paares bekommen soll.

6.1 Voraussetzungen

Früher war eine zur gemeinsamen Elternschaft führende Stiefkindadoption nur möglich, wenn der Stiefelternteil mit dem rechtlichen Elternteil verheiratet war, während der Stiefelternteil in nichtehelichen Stiefkindfamilien die Kinder des rechtlichen Elternteils nicht adoptieren konnte, ohne dass die Verwandtschaft der Kinder zu diesem erlosch. Dadurch war die Stiefkindadoption in nichtehelichen Patchworkfamilien faktisch ausgeschlossen, da das Kind dann nur noch den Stiefelternteil als rechtlichen Elternteil hätte, was nicht im Interesse der Beteiligten lag. Seit dem 31.3.2020 sind Paare in einer verfestigten Lebensgemeinschaft Ehepaaren in Bezug auf die Stiefkindadoptionen gleichgestellt.

6.1.1 Besondere Voraussetzungen für die Stiefkindadoption

Für die Stiefkindadoption müssen die allgemeinen Voraussetzungen wie bei der Adoption eines fremden Kindes erfüllt sein (vgl. dazu 7.1.2). Darüber hinaus gelten besondere Voraussetzungen. So setzt die Stiefkindadoption insbesondere die Ehe oder eine verfestigte Lebensgemeinschaft zwischen dem leiblichen Elternteil und dem Stiefelternteil voraus. Ein Kind des Ehepartners bzw. Lebenspartners kann angenommen werden, gleichgültig, ob es aus einer früheren Ehe stammt, nichtehelich oder adoptiert ist. Voraussetzung für die Stiefkindadoption ist auch ein bestimmtes Mindestalter des Stiefelternteils, ferner ist unter Umständen von Anfang an eine Beratung durch die Adoptions-Vermittlungsstelle erforderlich.

Achtung: Der Stiefelternteil kann das Kind nicht gemeinsam mit seinem Partner adoptieren, auch wenn er mit diesem verheiratet ist. Schließlich ist der Partner bereits Mutter oder Vater des Kindes.

Ehe oder verfestigte Lebensgemeinschaft

Eine Stiefkindadoption kommt nicht nur in Betracht, wenn der leibliche Elternteil und der Stiefelternteil miteinander verheiratet sind, sie ist auch dann möglich, wenn die Partner in einer verfestigten Lebensgemeinschaft in einem gemeinsamen Haushalt leben.

Ehe

Voraussetzung für eine Stiefkindadoption ist nicht, dass die Ehe zwischen dem leiblichen Elternteil und dem Stiefelternteil bereits über eine bestimmte Dauer (z.B. ein oder zwei Jahre) besteht. Gleichwohl wird auch bei Ehepaaren im jeweiligen Einzelfall geprüft, ob die Ehe im konkreten Fall gegebenenfalls instabil ist.

Verfestigte Lebensgemeinschaft

Eine verfestigte Lebensgemeinschaft liegt in der Regel vor, wenn die Personen seit mindestens vier Jahren oder als Eltern eines gemeinschaftlichen Kindes mit diesem eheähnlich zusammenleben. Sie liegt in der Regel nicht vor, wenn ein Partner mit einem Dritten verheiratet ist.

Bei einer verfestigten Lebensgemeinschaft in einem gemeinsamen Haushalt muss es sich um eine Lebensgemeinschaft handeln, die auf Dauer angelegt ist, daneben keine weitere Lebensgemeinschaft gleicher Art zulässt und sich durch innere Bindungen auszeichnet, die ein gegenseitiges Einstehen der Partner füreinander begründet, also über die Beziehungen in einer reinen Haushalts- und Wirtschaftsgemeinschaft hinausgeht. Dabei setzt die Verfestigung in zeitlicher Hinsicht nicht nur das Bestehen der Beziehung bereits über einen längeren Zeitraum in der Vergangenheit voraus, sondern beinhaltet mit der Erwartung, sie werde auf Dauer Bestand haben, auch ein in die Zukunft gerichtetes Stabilitätselement.

Das Gesetz nennt zwei Regelbeispiele, in denen vom Vorliegen einer solchen Gemeinschaft auszugehen ist. Dies ist zum einen der Fall, wenn die Partner bereits seit mindestens vier Jahren eheähnlich zusammenleben und einen gemeinsamen Haushalt führen, und zum anderen, wenn sie Eltern eines gemeinsamen Kindes sind und mit diesem eheähnlich zusammenleben.

Achtung: Diese Regelbeispiele sind kein abschließender Katalog. Im Einzelfall kann eine verfestigte Lebensgemeinschaft gegeben sein, wenn kein Regelbeispiel vorliegt, beispielsweise bei kürzerem Zusammenleben als vier Jahre, aber längerer Beziehungsdauer und/oder sonstigen konkreten Anhaltspunkten für eine Gemeinschaft im oben definierten Sinne. Es muss im jeweiligen Einzelfall geprüft werden, ob Anhaltspunkte für ein Abweichen vom Regelfall vorliegen.

- **Mindestens 4-jährige Dauer des Zusammenlebens:** In der Regel ist davon auszugehen, dass eine nichteheliche Beziehung verfestigt ist, wenn eine gewisse Dauer des Zusammenlebens gegeben ist. Das Gesetz geht davon aus, dass mindestens vier Jahre des eheähnlichen Zusammenlebens in einem gemeinsamen Haushalt die Vermutung einer verfestigten Lebensgemeinschaft rechtfertigen. Es ist dann regelmäßig davon auszugehen, dass die Beziehung im gemeinsamen Haushalt bereits erprobt ist und die Partner mehr als einen nur kurzfristigen Beziehungswunsch hegen, was für eine ausreichende Stabilität der Beziehung spricht.
- **Zusammenleben mit gemeinschaftlichem Kind:** Auch wenn die nichtehelichen Partner als Eltern eines gemeinschaftlichen Kindes mit diesem zusammenleben, kann in der Regel angenommen werden, dass mehr als ein kurzfristiger Bindungswunsch besteht. Die Partner haben sich in diesem Fall bereits dazu entschlossen, gemeinsam Verantwortung für ein Kind zu übernehmen, und führen bereits ein gemeinsames Familienleben. Auch in diesem Zusammenhang sind jedoch Fälle nicht ausgeschlossen, die von der Regel abweichen. Sollte etwa ein Partner noch eine weitere nichteheliche Beziehung führen, wird auch in diesem Fall die Verfestigung der Lebensgemeinschaft ausgeschlossen sein. Eine verfestigte nichteheliche Beziehung schließt eine weitere nichteheliche Beziehung aus.
- **Keine verfestigte Lebensgemeinschaft bei Ehe:** In jedem Fall ist eine verfestigte Lebensgemeinschaft ausgeschlossen, wenn einer der Partner noch mit einer dritten Person verheiratet ist, auch wenn er von seinem Ehepartner getrennt lebt.

Mindestalter

Der annehmende Stiefelternteil muss das 21. Lebensjahr vollendet haben, anders als bei der »normalen« Adoption, bei der das Mindestalter 25 Jahre ist. Wie alt der Partner des Stiefelternteils (also der Elternteil des Kindes) ist, hat keine Bedeutung. Ein Höchstalter gibt es nicht.

Beratung der Vermittlungsstelle

Nimmt ein Ehepartner bzw. ein nichtehelicher Lebenspartner ein Kind seines Ehepartners bzw. Partners allein an, so müssen sich die Beteiligten (abgebender, annehmender und verbleibender Elternteil sowie das Kind entsprechend seinem Entwicklungsstand) vor Abgabe ihrer notwendigen Erklärungen und Anträge zur Adoption von der Adoptionsvermittlungsstelle beraten lassen. Die Beratung umfasst unter anderem

- die allgemeine Beratung der Adoptionsbewerber, der Eltern und des Kindes zu Fragen im Zusammenhang mit der Adoption und die bedarfsgerechte Unterstützung,
- die Information über die Voraussetzungen und den Ablauf des Adoptionsverfahrens sowie über die Rechtsfolgen der Adoption,
- die Information über die Rechte des Kindes.

! Die Beratungspflicht besteht nicht, wenn der annehmende Elternteil zum Zeitpunkt der Geburt des Kindes mit dem Elternteil des Kindes verheiratet war oder in einer verfestigten Lebensgemeinschaft lebte.

Die Adoptionsvermittlungsstelle stellt über die Beratung eine Bescheinigung aus, die beim Familiengericht vorgelegt werden muss. Ohne diese Bescheinigung kann kein Adoptionsbeschluss ergehen.

Ausnahmsweise ist die Beratung eines Elternteils nicht erforderlich, wenn er zur Abgabe einer Erklärung außerstande ist (z.B. wegen Geschäftsunfähigkeit), sein Aufenthalt dauernd unbekannt ist oder seine Einwilligung ersetzt wird. Darüber hinaus ist die Beratung des abgebenden Elternteils nicht erforderlich, wenn der abgebende Elternteil seinen gewöhnlichen Aufenthalt im Ausland hat.

6.1.2 Allgemeine Voraussetzungen für die Adoption

Neben den besonderen Voraussetzungen müssen für Stiefkindadoptionen auch die allgemeinen Voraussetzungen wie bei der Adoption eines fremden Kindes erfüllt werden.

Kindeswohl

Die Adoption muss dem Wohl des Kindes dienen. Das ist der Fall, wenn sie zu einer merklichen und nachhaltigen Verbesserung der Lebensbedingungen, der Entwicklung und/oder der Rechtsstellung des Kindes führt. In diesem Rahmen wird im Wege einer umfassenden Gesamtabwägung ein Vergleich zwischen der Situation ohne die Adoption und der Situation mit der Adoption sämtlicher Rechts- und Lebensumstände des Kindes vorgenommen.

Im Zusammenhang mit dem Kindeswohl sind bei einer Stiefkindadoption Besonderheiten zu berücksichtigen. Laut Bundesverfassungsgericht »ändert die Adoption an der tatsächlichen Situation des Kindes wenig, insbesondere wird ihm nicht die Möglichkeit genommen, in einer Familie aufzuwachsen, die ihm gute Entwicklungsbedingungen bietet. Die Adoption soll dann vielmehr dazu dienen, die schon bestehende tatsächliche Situation rechtlich abzusichern. Eine solche Absicherung kann im Interesse des Kindes liegen, ist aber in den Fällen der Stiefkindadoption häufig nicht unproblematisch«.

Für eine positive Einschätzung müssen gemäß den Empfehlungen zur Adoptionsvermittlung insbesondere die Zeit, in der die Partner verheiratet sind bzw. in einer verfestigten Lebensgemeinschaft zusammenleben, sowie die Zeit des Zusammenlebens mit dem Stiefelternteil ausreichend bemessen sein. Eine langjährige, stabile Partnerschaft zwischen Elternteil und Stiefelternteil wird als ein Indiz für eine dauerhafte Bereitschaft zur Zusammengehörigkeit und Verantwortungsübernahme auch gegenüber dem Kind angesehen. Bei der Prüfung des Kindeswohls bei der Stiefkindadoption spielen insbesondere die Gründe für die Adoption und das Verhältnis des

Kindes zum außerhalb der Stieffamilie lebenden leiblichen Elternteil eine Rolle. Häufig beschränken sich die Gründe, ein Stiefkind zu adoptieren, darauf, den Stiefelternteil enger an den leiblichen Elternteil in der Familie zu binden und den anderen leiblichen Elternteil aus der Familie herauszudrängen.

Grundsätzlich kann eine Stiefkindadoption zu befürworten sein, wenn beispielsweise

- zu dem getrennt lebenden Elternteil über Jahre keine Kontakte bestehen,
- der andere Elternteil verstorben oder unbekannt ist,
- das Kind die Adoption nachvollziehbar wünscht oder
- zu dem Stiefelternteil aufgrund positiver Erziehungserfahrungen bereits eine soziale Elternschaft besteht.

Um sachfremde Motive handelt es sich dagegen, wenn

- die Adoption überwiegend dem Partner zuliebe angestrebt wird,
- die Adoption eine »Bedingung« bei der Begründung der Partnerschaft bzw. der Ehe war,
- die Adoption den außerhalb lebenden Elternteil vollständig ausgrenzen soll oder
- die Adoption nur die Umgehung ausländerrechtlicher Vorschriften zum Ziel hat.

Eltern-Kind-Verhältnis

Auch die Adoption durch einen Stiefkindelternteil ist nur zulässig, wenn zu erwarten ist, dass zwischen dem Annehmenden und dem Kind ein Eltern-Kind-Verhältnis entsteht. In diesem Zusammenhang spielt der Altersunterschied zwischen dem Annehmenden und dem Kind eine besondere Rolle. Das Alter des Stiefelternteils sollte mithin im Verhältnis zum Kind einem natürlichen Altersabstand entsprechen. Starre Altersgrenzen sind allerdings gesetzlich nicht festgelegt. Damit sich hingegen ein Eltern-Kind-Verhältnis und kein geschwisterähnliches Verhältnis entwickelt, ist ein der natürlichen Generationenfolge entsprechender Altersunterschied von mindestens 15 Jahren erforderlich. Im Einzelfall ist eine Ausnahme möglich, wenn der Stiefelternteil und das Kind schon mehrere Jahre zusammengelebt haben und sich trotz des geringen Altersunterschieds tatsächlich ein Eltern-Kind-Verhältnis entwickelt hat. Maximal sollte der Altersunterschied 40 Jahre betragen, aber auch in diesem Fall sind die konkreten Umstände des Einzelfalls maßgebend.

Persönliche Eignung des Stiefelternteils

Eine Stiefkindadoption setzt wie jede »normale« Adoption voraus, dass der Annehmende persönlich geeignet ist, das leibliche Kind seines Ehepartners oder nichtehelichen Partners zu adoptieren. Neben seinem Alter (vgl. dazu oben) sind in diesem Zusammenhang unter anderem folgende Kriterien von Bedeutung:

- Persönlichkeit,
- Gesundheit,
- Erziehungsvorstellungen,
- Berufstätigkeit,
- wirtschaftliche Verhältnisse.

Zustimmung beider Eltern

Zur Annahme eines Kindes ist die Einwilligung der Eltern erforderlich, das heißt der Mutter und des rechtlichen Vaters des Kindes. Rechtlicher Vater bei einem ehelichen Kind ist der zum Zeitpunkt der Geburt mit der Mutter verheiratete Mann, bei einem nichtehelichen Kind entweder der Mann, welcher die Vaterschaft anerkannt hat, oder der Mann, dessen Vaterschaft gerichtlich festgestellt worden ist. Die Einwilligung der Eltern ist unabhängig vom Sorgerecht notwendig. Sie kann erst erteilt werden, wenn das Kind acht Wochen alt ist. Steht nicht miteinander verheirateten Eltern die elterliche Sorge nicht gemeinsam zu, so kann die Einwilligung des Vaters bereits vor der Geburt erteilt werden.

Achtung: Die Einwilligung eines Elternteils ist nicht erforderlich, wenn er zur Abgabe einer Erklärung dauernd außerstande ist (z.B. bei Geschäftsunfähigkeit) oder sein Aufenthalt dauernd unbekannt ist.

Unter Umständen kann das Familiengericht die Zustimmung eines Elternteils ersetzen, wenn dieser nicht in die Adoption des Kindes einwilligt. In Betracht kommen unter anderem folgende Fälle:

- Der nicht zustimmungswillige Elternteil hat seine Pflichten gegenüber dem Kind anhaltend gröblich verletzt. Das ist beispielsweise der Fall, wenn die Erziehung des Kindes vernachlässigt oder es unzureichend betreut wurde.
- Der nicht einwilligungsbereite Elternteil hat durch sein Verhalten gezeigt, dass ihm das Kind gleichgültig ist. Das ist etwa der Fall, wenn der nicht sorgeberechtigte Elternteil jeglichen Kontakt zum Kind unterlässt. Ab welcher Schwelle Gleichgültigkeit anzunehmen ist, hängt allerdings letztlich vom konkreten Einzelfall ab.
- Die Einwilligung kann auch ersetzt werden, wenn die Pflichtverletzung zwar nicht anhaltend, aber besonders schwer ist und das Kind voraussichtlich nicht mehr der Obhut des Elternteils anvertraut werden kann. In Betracht kommen in diesem Fall auch einmalige Pflichtverstöße, wenn es völlig ausgeschlossen ist, dem Elternteil das Kind anzuvertrauen (z.B. bei Sittlichkeitsdelikten oder Körperverletzungen gegen das Kind).

Einwilligung des Kindes

Hat das Kind das 14. Lebensjahr vollendet und ist es nicht geschäftsunfähig, so kann die Adoption nur mit Einwilligung des Kindes erfolgen. Die Einwilligungserklärung bedarf der notariellen Form und darf nicht unter einer Bedingung oder Zeitbestimmung erteilt werden.

6.2 Überblick über den Ablauf des Adoptionsverfahrens

Das Verfahren zur Adoption eines Stiefkindes beginnt mit der Meldung bei einer Adoptions-Vermittlungsstelle. Das kann das Jugendamt oder eine anerkannte nichtstaatliche Adoptions-Vermittlungsstelle sein (Kontaktdaten: www.familienprotal.de/adoptionsvermittlung). Die Vermittlungsstelle berät alle Beteiligten und stellt eine Bescheinigung aus, die für den weiteren Ablauf des Verfahrens benötigt wird.

Achtung: Die Beratungspflicht besteht nicht, wenn der annehmende Elternteil zum Zeitpunkt der Geburt des Kindes mit dem Elternteil des Kindes verheiratet war oder in einer verfestigten Lebensgemeinschaft lebte.

Die Adoption muss beim Familiengericht beantragt werden. Der Antrag muss notariell beurkundet werden. Regelmäßig müssen vom Stiefelternteil folgende Unterlagen vorgelegt werden:

- Geburtsurkunde,
- gegebenenfalls Heiratsurkunde der Adoptiveltern,
- Nachweise über Einkommen und Vermögen,
- erweitertes polizeiliches Führungszeugnis,
- Gesundheitszeugnis oder ein entsprechendes ärztliches Attest,
- ausführlicher Lebenslauf.

Das Familiengericht prüft, ob die Voraussetzungen für eine Adoption erfüllt sind, und entscheidet danach über die Adoption. Bei einer Entscheidung zugunsten der Adoption wird das Kind rechtlich zum Kind des Stiefelternteils.

Im Anschluss kann beim Standesamt eine neue Geburtsurkunde für das Kind beantragt werden. Dass das Kind adoptiert wurde, ist aus der Geburtsurkunde nicht zu erkennen. Dies steht allerdings im Geburtenregister, das beim Standesamt geführt wird.

6.3 Rechtsfolgen der Adoption

Mit der Adoption wird das Kind rechtlich zum Kind des Annehmenden. Rechtlich besteht dann kein Unterschied mehr zu einem leiblichen Kind. Konkret ergeben sich aus der Adoption folgende rechtliche Konsequenzen:

- Die Annahme des Kindes hat zur Folge, dass das Verwandtschaftsverhältnis des Kindes zu dem ehemaligen leiblichen Elternteil erlischt. Die Unterhaltspflicht des leiblichen Elternteils sowie das Erbrecht und auch das Sorge- und Umgangsrecht entfallen vollständig.
- Mit dem Erlöschen des Verwandtschaftsverhältnisses zum bisherigen Elternteil erlöschen gleichzeitig die Verwandtschaftsverhältnisse des Kindes zu den Verwandten des bisherigen leiblichen Elternteils.
- Durch die Adoption wird ein neues Verwandtschaftsverhältnis zu dem adoptierenden Elternteil begründet. Damit ist das Kind gleichzeitig auch mit der gesamten Familie des Annehmenden verwandt.
- Der Annehmende hat das Sorgerecht für das Kind und die Pflicht, für den Lebensunterhalt des Kindes zu sorgen. Wie ein leibliches Kind gehört das adoptierte Kind zu den gesetzlichen Erben des Annehmenden.

- Auch im Namensrecht hat die Adoption Folgen. Führen die Partner einen gemeinsamen Namen, wird dieser zum Geburtsnamen des angenommenen Kindes. Andernfalls müssen die Eltern einen ihrer Nachnamen als Namen des Kindes durch Erklärung gegenüber dem Familiengericht bestimmen. Ausnahmsweise kann der bisherige Familienname des Kindes dem neuen Namen vorangestellt oder angefügt werden, wenn schwerwiegende Gründe des Kindeswohls dies erfordern.

7 Geld und Hilfen vom Staat

Familien werden vom Staat in vielfältiger Weise unterstützt. Gegenüber »normalen« Familien werden Patchworkfamilien allerdings in mehreren Beziehungen benachteiligt. Gleichwohl haben auch Patchworkfamilien bei vielen Hilfearten Anspruch auf finanzielle Unterstützung und Entlastung.

7.1 Kindergeld

Da das Existenzminimum des Kindes steuerfrei bleiben muss, gibt es Kinderfreibeträge. Während des Jahres wird für das Kind nur Kindergeld gezahlt. Erst im Rahmen der jährlichen Steuerveranlagung überprüft das Finanzamt automatisch, ob sich durch die Freibeträge betragsmäßig ein höherer Steuervorteil ergibt als durch das Kindergeld (sog. Günstigerprüfung). Bei einem sehr hohen Einkommen ist die steuerliche Entlastung durch den Freibetrag höher als das Kindergeld. Ist der Steuervorteil geringer als das gezahlte Kindergeld, wird die Zahlung nicht zurückgefordert oder angerechnet. Nur soweit das Kindergeld über den Betrag hinausgeht, den die Eltern als Steuern zu viel gezahlt haben, ist es eine staatliche Förderung der Familien.

Kindergeld wird unabhängig vom Einkommen der Eltern gezahlt. Gesetzlich hat nur ein Elternteil Anspruch auf Kindergeld. Unter bestimmten Voraussetzungen kann in einer Patchworkfamilie auch ein Stiefelternteil Anspruch auf Kindergeld haben.

7.1.1 Stiefelternteil als Bezugsberechtigter

Kindergeld wird grundsätzlich an den Kindergeldberechtigten (in der Regel die Eltern) ausgezahlt. Für ein und dasselbe Kind kann immer nur eine Person Kindergeld erhalten. Grundsätzlich bekommt es derjenige, der das Kind in seinen Haushalt aufgenommen hat. In den Haushalt aufgenommen ist ein Kind, wenn es ständig in der Familienwohnung lebt und dort versorgt und betreut wird. Lebt das

Kind im gemeinsamen Haushalt beider Elternteile, können die Eltern untereinander durch eine sogenannte Berechtigtenbestimmung festgelegen, wer von ihnen das Kindergeld erhalten soll.

Unter Umständen hat auch ein Stiefelternteil Anspruch auf Kindergeld für sein Stiefkind. Hierfür muss er mit einem leiblichen Elternteil verheiratet sein, das Stiefkind muss mit ihm zusammen in einem Haushalt leben und der Stiefelternteil muss im Rahmen der Berechtigtenbestimmung als bezugsberechtigt genannt werden. Die Berechtigtenbestimmung wird beim Antrag auf Kindergeld durchgeführt. Sie bleibt wirksam, bis sie widerrufen wird. Der Widerruf ist jederzeit möglich, wirkt aber immer nur für die Zukunft. Bei dem Haushalt muss es sich um den Haushalt des Stiefelternteils handeln. Diese Voraussetzung ist auch erfüllt, wenn der Stiefelternteil zusammen mit dem leiblichen Elternteil eine gemeinsame Wohnung bewohnt und einen gemeinsamen Haushalt führt. Eine bestimmte Mindestbeteiligung des Stiefelternteils an den Unterhaltskosten oder am Betreuungsaufwand des Kindes ist nicht erforderlich.

7.1.2 Kindergeld für minderjährige Kinder

Bis zur Vollendung des 18. Lebensjahres wird das Kindergeld für alle Kinder gezahlt. Der Berechtigte erhält es für Kinder,

- die mit ihm im ersten Grad verwandt sind (also seine ehelichen, für ehelich erklärten, nichtehelichen oder adoptierten Kinder), und
- für Kinder seines Ehepartners (Stiefkinder), Enkel- und Pflegekinder, die er in seinem Haushalt aufgenommen hat.

7.1.3 Kindergeld für erwachsene Kinder

Für Kinder, die das 18. Lebensjahr bereits vollendet haben, wird Kindergeld nur unter bestimmten zusätzlichen Voraussetzungen gezahlt.

Volljährige Kinder bis zur Vollendung des 25. Lebensjahrs

Für ein über 18 Jahre altes Kind kann bis zur Vollendung des 25. Lebensjahres Kindergeld weitergezahlt werden,

- solange es für einen Beruf ausgebildet wird. In einer Berufsausbildung befindet sich derjenige, der das Berufsziel noch nicht erreicht hat, sich aber ernsthaft darauf vorbereitet. Zur Ausbildung für einen Beruf gehören der Besuch allgemeinbildender Schulen, die betriebliche Ausbildung, eine weiterführende Ausbildung sowie die Ausbildung für einen weiteren Beruf;
- wenn es eine Berufsausbildung mangels Ausbildungsplatzes nicht beginnen oder fortsetzen kann. Voraussetzung für den Kindergeldanspruch ist, dass trotz ernsthafter Bemühungen die Suche nach einem Ausbildungsplatz zum frühestmöglichen Zeitpunkt bisher erfolglos verlaufen ist;
- wenn es ein Freiwilliges Soziales oder Ökologisches Jahr im Sinne des Jugendfreiwilligendienstgesetzes oder Bundesfreiwilligendienst ableistet.

! Kindergeld wird auch für eine Übergangszeit (Zwangspause) von bis zu vier Kalendermonaten gezahlt (z.B. zwischen Schulabschluss und Beginn der Berufsausbildung).

Volljährige Kinder bis zur Vollendung des 21. Lebensjahres

Kindergeld wird auch für ein über 18 Jahre altes Kind bis zur Vollendung des 21. Lebensjahres gezahlt, wenn es nicht in einem Beschäftigungsverhältnis steht und bei einer Agentur für Arbeit im Inland als Arbeitsuchender gemeldet ist. Übt das Arbeit suchende gemeldete Kind eine geringfügige Beschäftigung aus (z.B. 538-Euro-Job), kann das Kindergeld weitergezahlt werden.

Volljährige behinderte Kinder

Für ein über 18 Jahre altes Kind wird Kindergeld gezahlt, wenn es wegen einer körperlichen, geistigen oder seelischen Behinderung nicht in der Lage ist, sich selbst zu unterhalten. Das heißt, dass die ihm zur Verfügung stehenden finanziellen Mittel nicht reichen, um den gesamten notwendigen Lebensbedarf zu bestreiten. Die Behinderung des Kindes muss vor Vollendung des 25. Lebensjahres eingetreten sein. Für die Bezugsdauer gibt es in diesen Fällen keine altersbedingte Grenze.

7.1.4 Höhe des Kindergelds

Das Kindergeld beträgt aktuell (2024) für jedes Kind 250,– € im Monat, mithin 3.000,– € im Jahr, bei zwei Kindern 6.000,– €, bei drei Kindern 9.000,– € im Jahr.

7.1.5 Beginn und Ende des Kindergeldanspruchs

Sobald die Voraussetzungen auf Kindergeld wenigstens an einem Tag eines Monats vorgelegen haben, besteht grundsätzlich auch der Kindergeldanspruch für den ganzen Monat. Grundsätzlich wird das Kindergeld rückwirkend gewährt, jedoch höchstens für die letzten sechs Kalendermonate vor dem Eingang des Kindergeldantrags bei der Familienkasse.

Kindergeld wird bis zum Ende des Monats gewährt, in dem die Anspruchsvoraussetzungen wegfallen. Der Anspruch endet grundsätzlich mit dem Ablauf des Monats, in dem das Kind das 18. Lebensjahr vollendet hat. Wenn der 18. Geburtstag des Kindes auf den ersten Tag des Monats fällt, endet der Anspruch auf Kindergeld bereits mit dem Ende des Vormonats.

7.2 Kinderzuschlag bei geringem Einkommen

Der Kinderzuschlag ist eine Familienleistung des Staates, die Familien mit geringem Einkommen unterstützen soll. Viele erwerbstätige Eltern brauchen den Kinderzuschlag als zusätzliche finanzielle Unterstützung neben dem Kindergeld, weil ihr Einkommen nicht ausreicht, um auch den Unterhalt ihrer Kinder ausreichend zu sichern. Vor allem Familien mit mehreren Kindern profitieren von dieser Leistung. Ohne Kinderzuschlag wären die Eltern zusätzlich auf Bürgergeld angewiesen.

7.2.1 Stiefelternteil als Berechtigter

Den Kinderzuschlag können einkommensschwache Eltern erhalten, die mit ihrem unverheirateten Kind, das noch keine 25 Jahre alt ist, in einem Haushalt leben. Den Kinderzuschlag erhält aber nur, wer auch Kindergeld erhält. Voraussetzung für den Anspruch ist, dass das Kind gemeinsam mit dem Berechtigten in dessen Wohnung lebt und dort betreut und versorgt wird.

Für ein und dasselbe Kind kann immer nur eine Person Kinderzuschlag erhalten. In aller Regel wird dieser an denjenigen Elternteil gezahlt, der auch das Kindergeld bezieht. Ein Stiefelternteil hat mithin – wenn die gesetzlichen Voraussetzungen erfüllt sind – Anspruch auf den Kinderzuschlag, wenn er mit einem leiblichen Elternteil des Kindes verheiratet ist, das Stiefkind mit ihm zusammen in einem Haushalt lebt und der Stiefelternteil im Rahmen der Berechtigtenbestimmung als bezugsberechtigt genannt wird (vgl. dazu 7.1.1).

7.2.2 Voraussetzungen

Anspruch auf Kinderzuschlag für unter 25 Jahre alte Kinder besteht, wenn

- das Kind im Haushalt des Antragstellers lebt und nicht verheiratet ist,
- für das Kind Kindergeld bezogen wird,
- die monatlichen Einnahmen die Mindesteinkommensgrenze erreichen,
- der Bedarf der Familie durch die Zahlung von Kinderzuschlag und eventuell zustehendem Wohngeld gedeckt ist und deshalb kein Anspruch auf Bürgergeld besteht,
- das Einkommen, das auf das Kindergeld angerechnet wird, nicht so hoch ist, dass sich der Kinderzuschlag auf null reduziert.

Laut Agentur für Arbeit gilt folgende Faustregel: Eltern mit Kindern, die nur Bürgergeld oder Sozialhilfe beziehen und sonst kein Einkommen bzw. Vermögen haben, können daneben nur das Kindergeld, aber keinen Kinderzuschlag erhalten.

Mindesteinkommen der Eltern

Es gilt eine Mindesteinkommensgrenze für Elternpaare von 600,– €. Der Kinderzuschlag kann nur dann beansprucht werden, wenn die monatlichen Einnahmen (Bruttoeinkommen aus Erwerbstätigkeit, Arbeitslosengeld, Krankengeld etc.) diese Mindesteinkommensgrenze erreichen. Kindergeld und Wohngeld zählen nicht zum Mindesteinkommen dazu.

Ob es sinnvoll ist, Kinderzuschlag zu beantragen, wenn das Einkommen tatsächlich nur 600,– € brutto im Monat beträgt, steht auf einem anderen Blatt. Was günstiger und möglich ist, muss man im Einzelfall genau durchrechnen. Auskünfte erteilt die Agentur für Arbeit.

Bedarf der Familie muss gedeckt sein

Der errechnete Kinderzuschlag wird nur gezahlt, wenn dieser zusammen mit anderem Einkommen und Vermögen und eventuell zustehendem Wohngeld ausreicht, den Bedarf der gesamten Familie zu gewährleisten, sodass kein Anspruch auf Bürgergeld besteht.

Der Gesamtbedarf der Familie setzt sich zusammen aus den Regelbedarfen, möglichen Mehrbedarfen und den Wohnkosten der Familie.

Zunächst gehören zur Bemessungsgrenze die pauschalierten Bedarfe zur Sicherung des Lebensunterhalts (Regelbedarf und ggf. Mehrbedarfe). Diese bemessen sich zurzeit (2024) wie folgt:

Berechtigte	**Betrag**
Alleinstehende Personen	563,– €
Volljährige Partner innerhalb einer Bedarfsgemeinschaft	506,– €
Kinder bis 5 Jahre	357,– €
Kinder (6 bis 13 Jahre)	390,– €
Kinder (14 bis 17 Jahre)	471,– €
Volljährige bis zur Vollendung des 25. Lebensjahres in einer Bedarfsgemeinschaft	451,– €

Zu diesen Regelbedarfen kommen unter Umständen noch besondere Mehrbedarfe. Beispielsweise werden zusätzlich zugebilligt

- einer werdenden Mutter nach der zwölften Schwangerschaftswoche ein Mehrbedarf von 17 % der Regelleistung,
- einer Alleinerziehenden ein Mehrbedarf von 12 % der Regelleistung,
- einer Alleinerziehenden mit einem Kind unter sieben Jahren oder mehreren Kindern unter 16 Jahren ein Mehrbedarf von 36 % der Regelleistung,
- einem Behinderten ein Mehrbedarf von 35 % der Regelleistung.

Ob ein Anspruch auf Kinderzuschlag besteht, hängt davon ab, ob mit diesem Zuschlag der Familienbedarf (Regelbedarf der Eltern + Regelbedarf der Kinder + Wohnkosten) gedeckt werden kann und kein zu berücksichtigendes Vermögen vorhanden ist. Dazu wird der Familienbedarf mit dem Betrag verglichen, der tatsächlich zur Verfügung steht, also das monatliche Bruttoeinkommen abzüglich Lohnsteuer, Krankenversicherungsbeiträgen und Erwerbstätigenfreibetrag. Hinzu kommen das Kindergeld sowie das Wohngeld und der Kinderzuschlag. Kann das Gesamteinkommen zusammen mit dem Kinderzuschlag den Familienbedarf decken, kann der Kinderzuschlag in voller Höhe beansprucht werden. Ist das nicht der Fall, kann beim Jobcenter Bürgergeld beantragt werden.

Wenn kein Bürgergeld bezogen wird und auch aktuell nicht beantragt wurde, kann stattdessen Kinderzuschlag gezahlt werden. Voraussetzung für den erweiterten Zugang zum Kinderzuschlag ist, dass dem Antragsteller mit Erwerbseinkommen, Kinderzuschlag und gegebenenfalls Wohngeld höchstens 100,– € fehlen, um den Bedarf der Familie zu decken.

7.2.3 Höhe

Der Höchstbetrag des Kinderzuschlags liegt aktuell (2024) bei 292,– € pro Kind und Monat. Bei mehreren Kindern wird ein Gesamtbetrag ausgezahlt.

Das Einkommen und Vermögen der Eltern und des Kindes werden auf den Kinderzuschlag in unterschiedlichem Umfang angerechnet und reduzieren die Höhe des Zuschlags.

7.3 Elterngeld

Mit dem Elterngeld will der Staat Eltern in der Frühphase ihrer Elternschaft finanziell unterstützen und dazu beitragen, dass sie sich in diesem Zeitraum selbst um die Betreuung ihres Kindes kümmern können. Wenn Eltern ihre Erwerbstätigkeit unterbrechen oder reduzieren, erhalten sie einen an ihrem individuellen Einkommen orientierten Ausgleich dafür, dass sie im ersten Lebensjahr des Kindes nicht mehr (voll) arbeiten. Damit soll das Elterngeld Eltern die Entscheidung für eine berufliche Auszeit nach der Geburt ihres Kindes erleichtern.

7.3.1 Berechtigte

Mütter oder Väter haben Anspruch auf Elterngeld, wenn

- sie ihren Wohnsitz oder ihren gewöhnlichen Aufenthalt in Deutschland haben,
- sie mit ihrem Kind in einem Haushalt leben,
- sie dieses Kind selbst betreuen und erziehen und
- keine oder keine volle Erwerbstätigkeit ausüben.

Keine volle Erwerbstätigkeit liegt vor, wenn die wöchentliche Arbeitszeit 32 Wochenstunden im Durchschnitt nicht übersteigt oder eine Beschäftigung zur Berufsausbildung ausgeübt wird. Wer mehr als 32 Stunden pro Woche arbeitet, gilt als voll erwerbstätig und hat keinen Anspruch auf Elterngeld.

Auch ein Stiefelternteil kann Elterngeld für ein nicht leibliches Kind beziehen. Das gilt also auch in Patchworkfamilien für die Kinder des Ehepartners.

Um Elterngeld zu beziehen, muss keine Elternzeit genommen werden. Anspruch auf Elterngeld hat also auch eine Hausfrau oder eine selbstständige Person, ebenso ein Auszubildender oder Studierender. Eine Arbeitnehmerin bzw. ein Arbeitnehmer muss jedoch im Regelfall den Anspruch auf Elternzeit geltend machen, um die Arbeitszeit in dem oben genannten Umfang zu reduzieren.

Achtung: Der Anspruch auf Elterngeld entfällt, wenn die berechtigte Person im letzten abgeschlossenen Veranlagungszeitraum vor der Geburt des Kindes ein zu versteuerndes Einkommen in Höhe von mehr als 250.000,– € erzielt hat. Erfüllt auch eine andere Person die Voraussetzungen auf Elterngeld, entfällt der Anspruch, wenn die Summe des zu versteuernden Einkommens beider Personen mehr als 300.000,– € beträgt. Für Geburten ab dem 1.4.2024 wird die Einkommensgrenze, ab der der Anspruch auf Elterngeld entfällt, für gemeinsam Elterngeldberechtigte von 300.000,– € auf 200.000,– € gesenkt. Zum 1.4.2025 wird sie für Paare nochmals auf 175.000,– € abgesenkt.

7.3.2 Dauer des Bezugs

Elterngeld gibt es in drei Varianten:

- Basiselterngeld,
- ElterngeldPlus,
- Partnerschaftsbonus.

Elterngeld kann ab dem Tag der Geburt bezogen werden. Es wird monatsweise gezahlt, allerdings nicht nach Kalendermonaten, sondern nach Lebensmonaten des Kindes. Diese beginnen nicht am Ersten des Kalendermonats, sondern je nach Geburtstag des Kindes (ist das Kind z.B. am 13. März geboren, dann ist der erste Lebensmonat vom 13. März. bis zum 12. April). Bei Adoptivkindern ist nicht der Geburtstag, sondern der Tag maßgebend, in dem das Kind in den Haushalt aufgenommen wurde.

Basiselterngeld

Basiselterngeld kann bis zu zwölf Lebensmonate bezogen werden. Wenn es beide Eltern beantragen und ein Elternteil nach der Geburt weniger Einkommen hat als davor, sogar für bis zu 14 Monate. Diese zwei zusätzlichen Monate nennt man Partnermonate.

Eltern können die insgesamt 14 Monate nach ihren Wünschen untereinander aufteilen. Sie können das Elterngeld gleichzeitig oder abwechselnd beantragen. Allerdings muss jeder Elternteil mindestens zwei Monate und maximal zwölf Monate Elterngeld beantragen. In jedem Lebensmonat, in dem beide Eltern gleichzeitig Basiselterngeld bekommen, verbrauchen sie zusammen zwei Monate Basiselterngeld.

Achtung: Paare können zwar auch ab dem 1.4.2024 weiterhin zusammen bis zu 14 Monate nach der Geburt des Kindes Elterngeld beziehen, jedoch nur noch maximal einen Monat parallel. Bei Mehrlingsgeburten gilt diese Regelung nicht. Ebenso sind Eltern von Frühchen davon ausgenommen.

ElterngeldPlus

Mit dem ElterngeldPlus kann doppelt so lange Elterngeld bezogen werden wie beim Basiselterngeld. Anstelle eines Lebensmonats mit Basiselterngeld können Eltern sich auch für zwei Lebensmonate mit ElterngeldPlus entscheiden und so bis zu 28 Monate Elterngeld erhalten. ElterngeldPlus ist dafür nur halb so hoch wie das Basiselterngeld, wenn der Bezieher nach der Geburt des Kindes nicht arbeitet.

Mit ElterngeldPlus kann das Elterngeldbudget besser ausgenutzt werden. Davon profitieren Eltern, die während der Elternzeit arbeiten wollen. Es wird dann leichter, Elterngeld und Teilzeitarbeit miteinander zu kombinieren. Wenn die Eltern nach der Geburt des Kindes in Teilzeit arbeiten, kann das monatliche ElterngeldPlus genauso hoch sein wie das monatliche Basiselterngeld mit Einkommen. Und das ElterngeldPlus wird doppelt so lange gezahlt wie das Basiselterngeld.

Partnerschaftsbonus

Mit dem sogenannten Partnerschaftsbonus macht der Gesetzgeber den Eltern das Angebot, sich ihre familiären und beruflichen Aufgaben partnerschaftlich untereinander aufzuteilen. Der Partnerschaftsbonus gilt auch für Eltern, die ihr Kind getrennt erziehen. Möglich ist so die partnerschaftliche Betreuung des Kindes und die Familie bleibt während der Teilzeittätigkeit finanziell abgesichert.

Mit dem Partnerschaftsbonus können Eltern bis zu vier ElterngeldPlus-Monate bekommen. Sie können den Partnerschaftsbonus aber nur beziehen, wenn sie ihn jeweils für mindestens zwei Lebensmonate in Anspruch nehmen. Die Eltern können den Partnerschaftsbonus nur gleichzeitig und in aufeinander folgenden Lebensmonaten beziehen. Beide Elternteile müssen in dieser Zeit in Teilzeitarbeit arbeiten, und zwar jeder mindestens 24 und höchstens 32 Stunden pro Woche.

Wie ElterngeldPlus kann der Partnerschaftsbonus auch noch nach dem 14. Lebensmonat des Kindes beansprucht werden, maximal aber bis das Kind zwei Jahre und acht Monate alt ist.

7.3.3 Höhe des Elterngelds

Die Höhe des Elterngelds hängt davon ab,

- ob Basiselterngeld, ElterngeldPlus oder der Partnerschaftsbonus beantragt wird,
- wie viel Einkommen vor dem Antrag erzielt wurde,
- wie viel Einkommen während des Bezugs von Elterngeld erzielt wird,
- ob noch andere staatliche Leistungen gezahlt werden,
- ob mehr als ein Kind vorhanden ist.

Je nach Einkommen beträgt das Basiselterngeld zwischen 300,– € und 1.800,– € monatlich und das ElterngeldPlus zwischen 150,– € und 900,– € monatlich. Wenn mehrere Kinder vorhanden sind, gibt es einen Geschwisterbonus.

Wie hoch das Elterngeld in Ihrem konkreten Fall ist, können Sie unter www.familienportal.de unverbindlich ausrechnen lassen.

Basiselterngeld

Je nach Einkommen beträgt das Basiselterngeld zwischen 300,– € und 1.800,– € monatlich. Das Basiselterngeld wird in Höhe von 67 % des Einkommens aus Erwerbstätigkeit vor der Geburt des Kindes gezahlt. Für Eltern, die vor der Geburt mehr als 1.200,– € verdient haben, sinkt der Prozentsatz aber auf 65 %.

Einkommen unter 1.000,– €

In den Fällen, in denen das durchschnittlich erzielte monatliche Einkommen aus Erwerbstätigkeit vor der Geburt geringer als 1.000,– € war, erhöht sich der Prozentsatz um 0,1 Prozentpunkte für je 2,– €, um die das maßgebliche Einkommen den Betrag von 1.000,– € unterschreitet, auf bis zu 100 %. Das verdeutlicht das nachfolgende Beispiel. Je niedriger also das Einkommen des Elternteils vor der Geburt war, desto höher ist der prozentuale Ausgleich, den er für das weggefallene Erwerbseinkommen erhält.

Simone Karcher hat vor der Geburt ihrer Tochter 800,– € monatlich verdient. Ihr Anspruch auf Elterngeld erhöht sich damit auf 77 % des wegfallenden Einkommens.

Rechenweg:

1.000,– € ./. 800,– € = 200,– €

200,– € : 2,– € = 100

100 × 0,1 Prozentpunkte = 10 Prozentpunkte

67 % + 10 Prozentpunkte = 77 %

Einkommen zwischen 1.000,– € und 1.200,– €

Hatte der Elternteil vor der Geburt des Kindes ein durchschnittliches Nettoeinkommen zwischen 1.000,– € und 1.200,– €, erhält er den Regelsatz von 67 %.

Einkommen über 1.200,– €

Ab einem zu berücksichtigenden Einkommen von 1.200,– € monatlich verringert sich der Prozentsatz um 0,1 Prozentpunkte für je 2,– €, um die das maßgebliche Einkommen den Betrag von 1.200,– € überschreitet, auf bis zu 65 %.

Tina Kurz hat vor der Geburt Ihres Sohnes 1.240,– € monatlich verdient. Ihr Anspruch auf Elterngeld mindert sich damit auf 65 %, also insgesamt 806,– € monatlich.

Rechenweg:

1.240,– € ./. 1.200,– € = 40,– €

40,– € : 2,– € = 20

20 × 0,1 Prozentpunkte = 2 Prozentpunkte

67 % ./. 2 Prozentpunkte = 65 %

Teilzeitarbeit

Einkommen aus der Teilzeitarbeit ist in die Berechnung des Elterngelds einzubeziehen und auf die Höhe des Elterngelds anzurechnen. Das Elterngeld wird dann als Ersatz für das entfallende Einkommen, also für die Differenz zwischen dem durchschnittlichen Einkommen vor der Geburt und dem voraussichtlich durchschnittlich erzielten Einkommen während des Bezugs von Elterngeld, gezahlt. Damit erhält der Bezugsberechtigte 65 % bzw. 67 % und bei einem Einkommen von unter 1.000,– € bis zu 100 % der Differenz zwischen dem vor und dem nach der Geburt zu berücksichtigenden Einkommen. Als bereinigtes Nettoeinkommen vor der Geburt werden maximal 2.770,– € berücksichtigt. Auch bei Teilzeiteinkommen während des Elterngeldbezugs beträgt das Elterngeld mindestens 300,– € monatlich.

Vor der Geburt wird ein Nettoeinkommen von 2.600,– € monatlich bezogen, nach der Geburt verdient der Bezieher von Elterngeld 1.000,– € netto. Die Differenz beträgt 1.600,– €. Das Elterngeld beläuft sich auf 1.040,– € (65 % von 1.600,– €).

ElterngeldPlus und Partnerschaftsbonus

Je nach Einkommen beträgt das ElterngeldPlus zwischen 150,– € und 900,– € monatlich. Es wird wie das Basiselterngeld berechnet. Wird nach der Geburt des Kindes kein Einkommen erzielt, ist das ElterngeldPlus halb so hoch wie das Basiselterngeld. Es kann aber doppelt so lange bezogen werden wie das Basiselterngeld. Das Elterngeld wird also in diesem Fall insgesamt nicht weniger, sondern nur auf einen längeren Zeitraum verteilt

ElterngeldPlus kann sich insbesondere lohnen, wenn nach der Geburt des Kindes Einkommen (z.B. aus einer Teilzeitbeschäftigung) erzielt wird. In diesem Fall kann es sein, dass das ElterngeldPlus genauso hoch ist wie das Basiselterngeld mit Einkommen. Gleichwohl kann ElterngeldPlus doppelt so lange bezogen werden wie Basiselterngeld.

Der Partnerschaftsbonus wird genauso berechnet wie das ElterngeldPlus.

Mindest- und Höchstbetrag

Basiselterngeld wird mindestens in Höhe von 300,– € gezahlt, und zwar auch dann, wenn die berechtigte Person vor der Geburt des Kindes kein Einkommen aus Erwerbstätigkeit erzielt hat oder wenn nach der Geburt kein Einkommen wegfällt, weil der Berechtigte weiter in gleicher Teilzeit arbeitet. Basiselterngeld wird bis zu einem Höchstbetrag von 1.800,– € monatlich für volle Lebensmonate gezahlt.

ElterngeldPlus und der Partnerschaftsbonus betragen mindestens 150,– € und höchstens 900,– €.

Mehr Elterngeld bei Geschwistern

Wenn im Haushalt weitere Kinder leben, wird ein Geschwisterbonus gezahlt. Dieser beträgt 10 % des nach den allgemeinen Regeln zu errechnenden Elterngelds, mindestens aber 75,– € monatlich.

Anspruch auf den Erhöhungsbetrag besteht so lange, bis das ältere Geschwisterkind drei Jahre alt ist. Sind drei oder mehr Kinder im Haushalt, genügt es, wenn mindestens zwei Geschwisterkinder das sechste Lebensjahr nicht vollendet haben. Mit dem Ende des Bezugsmonats, in dem das ältere Geschwisterkind sein drittes bzw. sechstes Lebensjahr vollendet, entfällt der Erhöhungsbetrag.

Mit dem Geschwisterbonus erhöhen sich auch der Höchst- und Mindestbetrag des Elterngelds. Das Basiselterngeld kann also mindestens 375,– € und höchstens 1.980,– €, das ElterngeldPlus mindestens 187,50 € und höchstens 990,– € betragen.

Bestimmung des bisherigen Einkommens als Berechnungsgrundlage

Das Elterngeld wird auf der Grundlage Ihres bisherigen Einkommens auf einen Zeitraum von zwölf Monaten vor der Geburt des Kindes berechnet. Es wird Einkommen aus nichtselbstständiger und selbstständiger Tätigkeit berücksichtigt.

Zum Einkommen aus nichtselbstständiger Tätigkeit gehören auch Nebeneinkünfte, beispielsweise aus einem 538-Euro-Job. Nicht berücksichtigt werden Abfindungen, Provisionen, 13. Monatsgehälter, Urlaubs- und Weihnachtsgelder, ebenso Entgeltersatzleistungen wie Arbeitslosengeld, Kurzarbeitergeld und Krankengeld. Auch Bürgergeld wird nicht berücksichtigt. Als Einkommen aus selbstständiger Tätigkeit werden insbesondere Gewinne aus selbstständiger Arbeit oder aus einem Gewerbebetrieb berücksichtigt.

Die Höhe des Elterngelds richtet sich nach dem Nettoeinkommen. Grundlage der Ermittlung der Einnahmen aus nichtselbstständiger Tätigkeit sind die Angaben in den für die maßgeblichen Kalendermonate erstellten Lohn- und Gehaltsbescheinigungen des Arbeitgebers.

Die Elterngeldstelle berechnet das Elterngeld aus dem Bruttoeinkommen und ermittelt das Nettoeinkommen durch den Abzug von Steuern und Sozialabgaben in pauschaler Form.

- Vom Bruttomonatseinkommen werden pauschal die Einkommensteuer und gegebenenfalls die Kirchensteuer abgezogen.
- Außerdem werden vom durchschnittlichen Bruttomonatseinkommen Beträge für Sozialabgaben in Höhe von 9 % für die Kranken- und Pflegeversicherung, 10 % für die Rentenversicherung und 2 % für die Arbeitslosenversicherung abgezogen. Diese Beträge werden allerdings nur abgezogen, wenn in der jeweiligen Versicherung Versicherungspflicht bestand. So wird beispielsweise für die Kranken- und Pflegeversicherung nichts abgezogen, wenn der Arbeitnehmer privat krankenversichert war.

Nach den Abzügen für Steuern und Sozialabgaben erhält man das monatliche Elterngeld-Netto. Davon werden maximal 2.770,– € berücksichtigt. Was Sie darüber hinaus als Einkommen hatten, wird also nicht durch das Elterngeld ersetzt.

Berücksichtigung von Einkommen während des Elterngeldbezugs

Wird Einkommen während des Elterngeld-Bezugs erzielt, wird dieses für das Elterngeld berücksichtigt. Das Elterngeld wird dann aus dem Unterschiedsbetrag zwischen dem Einkommen vor und nach der Geburt berechnet.

7.4 Unterhaltsvorschuss

Für Alleinerziehende ist es oftmals schwierig, die Anforderungen durch Arbeit, Kind und Haushalt unter einen Hut zu bringen. Verschärft wird diese Situation dann, wenn sie vom Unterhaltspflichtigen keine oder nicht mindestens Unterhaltszahlungen in Höhe des gesetzlichen Mindestunterhalts erhalten. In diesem Fall hilft der Unterhaltsvorschuss: Der ausfallende Unterhalt wird dadurch zumindest zum Teil ausgeglichen, ohne allerdings den unterhaltsverpflichteten Elternteil aus seiner Verantwortung zu entlassen.

Keinesfalls jedoch soll durch den staatlichen Vorschuss der unterhaltspflichtige Elternteil finanziell entlastet werden. Deshalb gehen etwaige Unterhaltsansprüche des Kindes gegen den anderen Elternteil in Höhe des Unterhaltsvorschusses auf den Staat über. Der macht diese gegebenenfalls gerichtlich geltend und vollstreckt sie auch. Bestehende Unterhaltsansprüche werden damit auch im Interesse von Alleinerziehenden durch den Staat geklärt.

7.4.1 Berechtigte

Unterhaltsvorschuss erhält ein Kind, wenn es

- in Deutschland einen Wohnsitz oder seinen gewöhnlichen Aufenthalt hat,
- in Deutschland bei einem alleinerziehenden Elternteil lebt und
- von dem anderen Elternteil nicht oder nur teilweise oder nicht regelmäßig Unterhalt in Höhe des gesetzlichen Mindestunterhalts erhält und
- das 18. Lebensjahr noch nicht vollendet hat.

Für ein Kind zwischen zwölf und unter 18 Jahren müssen zusätzlich folgende Voraussetzungen erfüllt sein:

- Das Kind darf nicht auf Bürgergeld angewiesen sein oder
- der alleinerziehende Elternteil, der Leistungen nach dem SGB II bezieht, muss ein eigenes Bruttoeinkommen von mindestens 600,– € monatlich haben.

Der Unterhaltsvorschuss wird auch an unverheiratete Patchworkfamilien gezahlt. Keine Bedeutung hat also, dass die neuen Partner in einem Haushalt zusammenleben. Der Anspruch endet allerdings, wenn die neuen Partner heiraten.

7.4.2 Höhe

Die Höhe des Unterhaltsvorschusses richtet sich nach dem Alter des Kindes und nach dem für die jeweilige Altersstufe festgelegten gesetzlichen Mindestunterhalt.

Aktuell (2024) beträgt der Unterhaltsvorschuss

- 230,– € monatlich für Kinder bis 5 Jahren,
- 301,– € monatlich für Kinder von 6 bis 11 Jahren,
- 395,– € monatlich für Kinder von 12 bis 17 Jahren.

Von den Unterhaltsvorschussbeträgen werden Unterhaltszahlungen des anderen Elternteils oder die Waisenbezüge, die das Kind nach dessen Tod oder nach dem Tod eines Stiefelternteils erhält, abgezogen. Bei Kindern, die keine allgemeinbildende Schule mehr besuchen, wird unter bestimmten Voraussetzungen auch anderes Einkommen angerechnet.

Der Unterhaltsvorschuss wird monatlich im Voraus gezahlt. Besteht der Unterhaltsanspruch des Kindes nicht für den ganzen Monat, so wird die Unterhaltsvorschussleistung anteilig berechnet.

7.4.3 Anzurechnendes Einkommen

Der Unterhaltsvorschuss mindert sich um Unterhaltszahlungen des Elternteils, bei dem das Kind nicht lebt, und um Waisenbezüge. Darüber hinaus mindert sich die Unterhaltsvorschussleistung bei Kindern, die keine allgemeinbildende Schule mehr besuchen, auch durch anderes Einkommen, insbesondere Erwerbseinkommen, Ausbildungsvergütungen oder Vermögenseinkünfte. Bei einer Ausbildungsvergütung werden von den Einkünften pauschal 100,– € als ausbildungsbedingter Aufwand und 100,– € als Werbungskosten abgezogen. Die Einkünfte werden sodann zur Hälfte auf den Unterhaltsvorschuss angerechnet. Unter Umständen kann daher etwa neben einer Ausbildungsvergütung auch noch ein teilweiser Anspruch auf Unterhaltsvorschuss bestehen.

Achtung: Nicht berücksichtigt wird Einkommen von Kindern, die noch nicht zur Schule gehen oder noch eine allgemeinbildende Schule besuchen.

7.4.4 Bezugsdauer

Liegen die Voraussetzungen für den Anspruch auf Unterhaltsvorschuss vor, wird dieser bis zur Volljährigkeit des Kindes, also bis zur Vollendung des 18. Lebensjahres, gezahlt.

7.5 Riester-Rente

Die Riester-Rente ist eine private Altersvorsorge auf freiwilliger Basis, mit der unter anderem Arbeitnehmer ihre persönliche Versorgungslücke schließen können. Damit sollen breite Teile der Bevölkerung zur zusätzlichen individuellen Altersabsicherung durch finanzielle Zuschüsse und besondere Steuerersparnisse motiviert werden.

7.5.1 Berechtigte

Zu den förderberechtigten Personen gehören unter anderem in der gesetzlichen Rentenversicherung pflichtversicherte Arbeitnehmer, Auszubildende, Beamte, geringfügig Beschäftigte (Minijobs mit einem Verdienst bis 538,– € monatlich), wenn sie auf die Sozialversicherungsfreiheit verzichten und Rentenversicherungsbeiträge zahlen, Bezieher von Arbeitslosengeld und Arbeitslosengeld II. Auch Selbstständige werden gefördert (z.B. Handwerker), die in der gesetzlichen Rentenversicherung pflichtversichert sind.

Nicht gefördert werden freiwillig in der gesetzlichen Rentenversicherung Versicherte, geringfügig Beschäftigte, die sich von der gesetzlichen Rentenversicherung haben befreien lassen, Bezieher einer Vollrente wegen Alters und Bezieher von Sozialhilfe und Sozialgeld.

Sind in einer Patchworkfamilie mit verheirateten Partnern beide in der gesetzlichen Rentenversicherung pflichtversichert, können beide Partner unabhängig voneinander riestern. Gehört dagegen bei verheirateten Paaren nur einer der Partner zum förderfähigen Personenkreis, erhält der andere Ehepartner eine mittelbare Zulageberechtigung. Voraussetzung für eine mittelbare Zulageberechtigung ist, dass beide Ehepartner jeweils einen auf ihren Namen lautenden Altersvorsorgevertrag abgeschlossen haben oder der unmittelbar zulageberechtigte Ehepartner über eine begünstigte betriebliche Altersversorgung verfügt und der andere Ehepartner einen Altersvorsorgevertrag abgeschlossen hat und dieser Ehepartner nicht unmittelbar zulageberechtigt ist. Ferner muss der mittelbar Zulageberechtigte mindestens 60,– € auf seinen Altersvorsorgevertrag eingezahlt haben.

7.5.2 Anlagenprodukte

Gefördert werden eine Vielzahl von Finanzprodukten. Bei den Riester-Produkten wird zwischen »Geld-Riester« und »Wohn-Riester« unterschieden.

- »Geld-Riester« bezieht sich auf Sparverträge, aus denen ab Rentenbeginn eine lebenslange Rente geleistet wird. Als förderfähige Produkte bieten sich Riester-Banksparpläne, Riester-Investmentfondssparpläne und im Ansparprozess Riester-Bausparverträge an.
- Mit »Wohn-Riester« ist die Finanzierung vom Sparer selbst genutzter wohnwirtschaftlicher Projekte gemeint. Infrage kommen dabei Riester-Annuitätendarlehen, Riester-Kombifinanzierungen, Riester-Bauspardarlehen und die vollkommene und teilweise Entnahme von Kapital aus bestehenden Geld-Riester-Verträgen.

7.5.3 Förderung

Staatlich gefördert wird die private zusätzliche Altersvorsorge durch finanzielle Zuschüsse (Riester-Zulagen) und besondere Steuerersparnisse (zusätzlicher Sonderausgabenabzug).

Zulagen

Wenn Sie einen Teil Ihres Einkommens in den Aufbau einer privaten zusätzlichen Alterssicherung investieren, erhalten Sie vom Staat Zulagen. Gewährt werden eine Grundzulage und eine Kinderzulage.

Grundzulage

Anspruch auf die Grundzulage haben sowohl unmittelbar als auch mittelbar Förderberechtigte. Um die Zulage ungekürzt zu erhalten, muss der Sparbeitrag pro Jahr 4 % des rentenversicherungspflichtigen Bruttoeinkommens des Vorjahres betragen – und zwar maximal jährlich 2.100,– € und mindestens 60,– € (Sockelbetrag) pro Jahr. Bei Unterschreitung wird die Zulage im Verhältnis des tatsächlich gezahlten Eigenbeitrages gekürzt.

Jeder Riester-Sparer erhält eine Grundzulage von 175,– € pro Jahr. Bei Ehepaaren erhalten beide Partner jeweils die Grundzulage, wenn sie beide einen eigenen Vertrag zur zusätzlichen Altersvorsorge abschließen.

Kinderzulage

Zur Grundzulage kommt noch eine Kinderzulage. Damit werden besonders Familien bei der zusätzlichen privaten Altersvorsorge gefördert. Die Kinderzulage beträgt 300,– € für jedes Kind.

Sind in einer Patchworkfamilie die Partner miteinander verheiratet, so wird die Kinderzulage der Mutter zugeordnet. Auf Antrag beider Elternteile kann der Vater zum Berechtigten für den Kindergeldbezug erklärt werden. Sind die Eltern nicht miteinander verheiratet, erhält der Elternteil die Kinderzulage, der auch das Kindergeld bezieht (vgl. dazu 7.1.1). Das ist unproblematisch bei Patchworkfamilien, in denen beide Partner in der gesetzlichen Rentenversicherung pflichtversichert sind und in denen mithin beide Partner unabhängig voneinander riestern können. Falls also nur ein Elternteil einen Riester-Vertrag abgeschlossen hat, sollte dieser auch zum Kindergeldberechtigten erklärt werden. Denn nur das macht ihn auch zulageberechtigt für den Kinderzuschlag bei Riester.

Marc und Sofia Walter leben zusammen mit Marcs Tochter Tina und dem gemeinsamen Sohn Jan in einer Patchworkfamilie. Sie sind nicht verheiratet. Marc ist selbstständig und erhält das Kindergeld, Sofia arbeitet in einem Kaufhaus. Marc könnte im Rahmen eines Riester-Vertrags die beiden Kinderzulagen erhalten, als Selbstständiger kann er jedoch nicht riestern. Da Marc und Sofia nicht verheiratet sind, kann er auch nicht über Sofia mittelbar berechtigt werden. Sinnvoll ist es deshalb, die Bezugsberechtigung für das Kindergeld für den gemeinsamen Sohn zu ändern. Erhält Sofia das Kindergeld für Jan, könnte sie zumindest diese Kinderzulage in einem Riester-Vertrag beantragen.

Berufseinsteigerbonus

Für junge Riester-Sparer unter 26 Jahren gibt es einen einmaligen Bonus. Die erste Zulage wird um 200,– € erhöht. Damit soll ein besonderer Anreiz geschaffen werden, frühzeitig in die Zusatzrente einzusteigen und den in seiner Wirkung beim Kapitalaufbau häufig unterschätzten Zinses-Zins-Effekt besser zu nutzen.

Abzug als Sonderausgaben

Neben der Zulagenförderung gibt es die Möglichkeit eines zusätzlichen Sonderausgabenabzugs. Sie können im Rahmen Ihrer Einkommensteuererklärung bis zu 2.100,– € jährlich als zusätzliche Altersvorsorgeaufwendungen steuermindernd geltend machen – auch wenn dies mehr als 4 % des sozialversicherungspflichtigen

Einkommens sind. Das Finanzamt prüft automatisch, ob und gegebenenfalls wie viel die Steuerersparnis höher ist als die Zulagenförderung (sog. Günstigerprüfung). Ist die Steuerersparnis größer als die Zulagen, zahlt das Finanzamt den Teil der Steuerersparnis, der die Zulagen übersteigt, als Steuerrückerstattung aus.

7.6 Kindererziehungs- und Berücksichtigungszeiten in der gesetzlichen Rentenversicherung

Kindererziehung kostet viel Zeit, auch Arbeitszeit. Häufig können Mütter und Väter in den ersten Jahren nach der Geburt des Kindes nur noch eingeschränkt oder gar nicht arbeiten. Somit kann der Elternteil, der sich zu Hause um die Kinder kümmert, keine eigenen Beiträge mehr in die gesetzliche Rentenversicherung einzahlen. Dafür gibt es in der gesetzlichen Rentenversicherung einen Ausgleich und bestimmte Zeiten während der Kindererziehung werden angerechnet. Es werden Pflichtbeiträge gutgeschrieben und für diese Zeit später eine höhere Rente gezahlt. Davon profitieren unter Umständen auch die Partner einer Patchworkfamilie.

Bei der Rentenanrechnung werden Kindererziehungszeiten und Berücksichtigungszeiten wegen Kindererziehung unterschieden:

- Die Kindererziehungszeit wirkt wie eine Beitragszeit und führt damit zu höheren Rentenansprüchen.
- Die Berücksichtigungszeiten wegen Kindererziehung haben keine direkte Auswirkung auf die Rentenhöhe. Allerdings können sie zu einer günstigeren Bewertung weiterer Zeiten und somit zu einer höheren Rente führen.

7.6.1 Kindererziehungszeiten

Kindererziehungszeiten zählen wie vollwertige Pflichtbeitragszeiten, ohne dass der Erziehende eigene Beiträge in die Rentenversicherung einzahlen muss. Die Beiträge werden vom Bund übernommen. Als

Pflichtbeitragszeiten können Kindererziehungszeiten sowohl Rentenansprüche begründen als auch erhöhen. Es wird so getan, als habe der Erziehende für die Jahre der Kindererziehung das Durchschnittseinkommen aller Versicherten erzielt und hierfür Beiträge in die gesetzliche Rentenversicherung gezahlt. Rentenmathematisch ausgedrückt bedeutet dies, dass dem Erziehenden für jedes Jahr der Kindererziehung knapp ein Entgeltpunkt zuerkannt wird. Umgerechnet bringt ein Jahr Kindererziehung ungefähr 35,– € Rente im Monat.

Kindererziehungszeiten können neben leiblichen Eltern auch Stief- oder Adoptiveltern in einer Patchworkfamilie erhalten. Die Kindererziehungszeit kann aber immer nur ein Elternteil zur selben Zeit in Anspruch nehmen. Der Elternteil, welcher das Kind in dem Monat überwiegend erzieht, bekommt die Zeit angerechnet. Erziehen die Eltern ihr Kind gemeinsam, hat grundsätzlich die Mutter Anspruch auf die Kindererziehungszeit. Soll sie der Vater erhalten, benötigt die Rentenversicherung eine gemeinsame, übereinstimmende Erklärung hierfür.

Die Kindererziehungszeit umfasst bei Geburten ab 1992 36 Monate pro Kind. Sie beginnt mit dem Ersten des Folgemonats nach der Geburt des Kindes und endet 36 Monate später.

Geburt des Kindes: 5.3.2024. Kindererziehungszeit: 1.4.2024 bis 31.3.2027.

Werden gleichzeitig mehrere Kinder erzogen (wenn z.B. während der Erziehungszeit ein weiteres Kind geboren wird), so verlängert sich die Kindererziehungszeit um die Zeit, in der der Erziehende gleichzeitig mehrere Kinder erzogen hat.

Geburt des ersten Kindes: 17.4.2021. Kindererziehungszeit: 1.5.2021 bis 30.4.2024. Geburt des zweiten Kindes: 2.1.2023. Kindererziehungszeit: 1.2.2023 bis 31.1.2026. Verlängerungszeit 15 Monate: 1.2.2026 bis 30.4.2027.

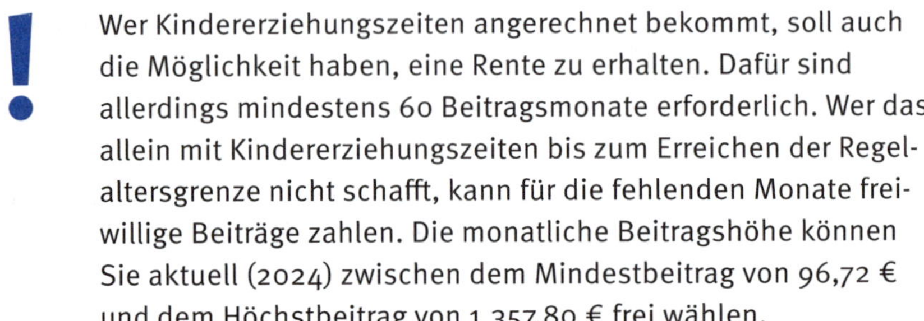

!

Wer Kindererziehungszeiten angerechnet bekommt, soll auch die Möglichkeit haben, eine Rente zu erhalten. Dafür sind allerdings mindestens 60 Beitragsmonate erforderlich. Wer das allein mit Kindererziehungszeiten bis zum Erreichen der Regelaltersgrenze nicht schafft, kann für die fehlenden Monate freiwillige Beiträge zahlen. Die monatliche Beitragshöhe können Sie aktuell (2024) zwischen dem Mindestbeitrag von 96,72 € und dem Höchstbeitrag von 1.357,80 € frei wählen.

7.6.2 Berücksichtigungszeiten wegen Kindererziehung

Neben Beitragszeiten wegen Kindererziehung können Sie auch sogenannte Berücksichtigungszeiten erhalten. Diese wirken sich ebenfalls positiv auf Ihre Rente aus. Die Berücksichtigungszeit für Kindererziehung beginnt mit dem Tag der Geburt und endet nach zehn Jahren. Werden innerhalb des Zehnjahreszeitraums mehrere Kinder gleichzeitig erzogen, verlängert sich die Berücksichtigungszeit (anders als bei der Kindererziehungszeit) nicht um die Zeit mehrfacher Erziehung. Die Berücksichtigungszeit dauert dann von der Geburt des ältesten Kindes bis zur Vollendung des zehnten Lebensjahrs des jüngsten Kindes.

Die Berücksichtigungszeit wird unter den gleichen Voraussetzungen anerkannt wie die Kindererziehungszeit. Kindererziehungszeiten und Berücksichtigungszeit wegen Kindererziehung überschneiden sich also während der ersten 36 Monate der Erziehung.

!

Berücksichtigungszeit können neben leiblichen Eltern auch Stief- oder Adoptiveltern in einer Patchworkfamilie erhalten. Die Berücksichtigungszeit kann wie die Kindererziehungszeit zwischen den gemeinsam erziehenden Eltern aufgeteilt werden, wobei jedoch die ersten drei Jahre der Berücksichtigungszeit stets dem Ehepartner zugerechnet werden müssen, dem auch die Kindererziehungszeit zugeordnet worden ist. Sie wird automatisch der Mutter zugeordnet, sofern die Eltern keine übereinstimmende anderweitige Erklärung abgeben.

7.7 Familienversicherung in der gesetzlichen Krankenversicherung

Der Ehepartner und Kinder eines gesetzlich Krankenversicherten sind unter bestimmten Voraussetzungen in dessen Krankenkasse familienversichert. Der Vorteil der Familienversicherung besteht darin, dass nur einer zahlt und die ganze Familie kostenfrei krankenversichert ist, und die mitversicherte Person gleichwohl grundsätzlich die vollen Leistungen der Krankenkasse erhält.

7.7.1 Voraussetzungen

Die Familienversicherung besteht für Ehepartner und Kinder von Mitgliedern und Kinder von familienversicherten Kindern. Die kostenfreie Familienversicherung gilt sowohl für die gesetzliche Krankenversicherung als auch für die gesetzliche Pflegeversicherung.

Voraussetzung für die beitragsfreie Mitversicherung dieser Familienangehörigen ist, dass sie

- ihren Wohnsitz oder gewöhnlichen Aufenthalt in Deutschland haben,
- nicht selbst Mitglied einer Krankenkasse sind,
- nicht versicherungsfrei (z.B. als höher verdienender Arbeitnehmer oder Beamter; unschädlich ist die Versicherungsfreiheit in einer geringfügigen Beschäftigung) oder von der Versicherung befreit sind,
- nicht hauptberuflich selbstständig tätig sind und
- das zulässige Gesamteinkommen nicht überschritten wird.

Kinder und Partner, die kostenfrei familienversichert werden sollen, dürfen selbst nur ein geringes Einkommen haben. Das monatliche Gesamteinkommen der familienversicherten Personen darf aktuell (2024) 505,– € nicht übersteigen. Allerdings zählen als Gesamteinkommen die Einkünfte im Sinne des Steuerrechts, sodass Arbeitnehmer von ihren Einnahmen noch Werbungskosten bzw. den entsprechenden Pauschbetrag abziehen können. Für geringfügig entlohnte Beschäftigte beträgt das zulässige Gesamteinkommen aktuell (2024) 538,– €. Übersteigt bei einem Familienangehörigen sein Verdienst die Einkommensgrenze, muss er sich selbst krankenversichern.

Bis zu zweimal im Jahr darf man diese Grenzen überschreiten. Das Elterngeld zählt außerdem für die Krankenversicherung nicht zu den Einnahmen, sodass man trotzdem familienversichert bleibt, wenn die Einkommensgrenzen nur wegen des Elterngeldes überschritten werden.

7.7.2 Familienversicherter Personenkreis in der Patchworkfamilie

Ehepartner, Kinder und Kinder von familienversicherten Kindern können in der gesetzlichen Krankenversicherung beitragsfrei beim Mitglied familienversichert werden, vorausgesetzt, sie haben ihren Wohnsitz oder gewöhnlichen Aufenthalt in Deutschland.

Ehepartner

Beitragsfrei in der gesetzlichen Krankenversicherung familienversichert kann der Ehepartner des Mitglieds der Krankenversicherung werden, wenn die unter 7.7.1 genannten Voraussetzungen erfüllt sind.

Achtung: Zum familienversicherten Personenkreis gehört nicht der nichteheliche Lebenspartner in einer Patchworkfamilie. Er muss sich selbst krankenversichern.

Kinder

Leibliche Kinder können ebenfalls beitragsfrei über das Mitglied familienversichert werden. Ebenso Stiefkinder, wenn sie vom Mitglied überwiegend unterhalten werden oder in seinen Haushalt aufgenommen wurden. Das Stiefkind gilt als vom Mitglied überwiegend unterhalten, wenn das Mitglied mehr als die Hälfte des Unterhaltsbedarfs vom Stiefkind trägt.

Kinder sind grundsätzlich nur bis zur Vollendung des 18. Lebensjahres familienversichert. Diese Altersgrenze erhöht sich auf das 23. Lebensjahr, wenn sie nicht erwerbstätig sind, und auf das 25. Lebensjahr, wenn sie sich in der Schul- oder Berufsausbildung befinden, ein Freiwilliges Soziales bzw. Ökologisches Jahr oder einen Bundesfreiwilligendienst leisten. Wird die Schul- oder Berufsausbildung unterbrochen, so verlängert sich der Anspruch über das 25. Lebensjahr hinaus, wenn der Grund der Unterbrechung zum Beispiel freiwilliger Wehrdienst, Bundesfreiwilligendienst oder ein Freiwilliges Soziales oder Ökologisches Jahr ist.

Für Kinder mit Behinderungen, die dauernd außerstande sind, sich selbst zu unterhalten, gilt keine Altersgrenze. Die Behinderung muss allerdings bereits während der Familienversicherung vor Erreichen der ansonsten maßgeblichen Altersgrenzen vorgelegen haben und darf nicht in absehbarer Zeit wegfallen.

Achtung: Die Familienversicherung eines Kindes ist ausgeschlossen, wenn der mit dem Kind verwandte Ehepartner nicht Mitglied der Krankenkasse ist und sein regelmäßiges Gesamteinkommen im Monat $^{1}/_{12}$ der Jahresarbeitsentgeltgrenze (2024: 69.300,– €) übersteigt und regelmäßig höher ist als das des gesetzlich versicherten Ehepartners oder Lebenspartners. Mit anderen Worten: Die Möglichkeit, Kinder beitragsfrei mitzuversichern, fällt weg, wenn der besserverdienende Elternteil privat versichert ist und regelmäßig ein monatliches Gesamteinkommen oberhalb der Jahresarbeitsentgeltgrenze erzielt.

7.8 Leistungen für Pflegepersonen bei häuslicher Pflege eines Familienangehörigen

Als häusliche Pflege wird die Versorgung pflegebedürftiger Menschen in ihrer häuslichen Umgebung, also außerhalb von teil- oder vollstationären Einrichtungen, bezeichnet. Durch die häusliche Pflege kann der Pflegebedürftige möglichst lange in seinem heimischen und familiären Umfeld bleiben. Dies entspricht regelmäßig den Wünschen der Betroffenen.

Auch der Gesetzgeber räumt der häuslichen Pflege den Vorrang ein. Die Pflegeversicherung soll mit ihren Leistungen vorrangig die häusliche Pflege und die Pflegebereitschaft der Angehörigen unterstützen. Entsprechende Hilfen und Entlastungen stehen unter Umständen auch Pflegepersonen in einer Patchworkfamilie zu.

7.8.1 Freistellung vom Beruf zur Pflege eines nahen Angehörigen

Es bestehen besondere Freistellungsmöglichkeiten für die Pflege einer Person nach dem Pflegezeitgesetz und dem Familienpflegezeitgesetz:

- Bei unerwartetem Eintritt einer besonderen Pflegesituation haben Beschäftigte das Recht, kurze Zeit der Arbeit fernzubleiben, um die sofortige Pflege eines nahen Angehörigen sicherzustellen.
- Zu einer längeren Pflege in häuslicher Umgebung können berufstätige Angehörige von pflegebedürftigen Personen durch eine vollständige oder teilweise Freistellung von der Arbeit bis zur Dauer von sechs Monaten den Umfang ihrer Erwerbstätigkeit dem jeweiligen Pflegebedarf anpassen (Pflegezeit).
- Wenn Beschäftigte für die Sicherstellung der häuslichen Pflege eines nahen Angehörigen eine länger dauernde Reduzierung ihrer Arbeitszeit benötigen, besteht die Möglichkeit der Inanspruchnahme einer Familienpflegezeit bis zu 24 Monate.

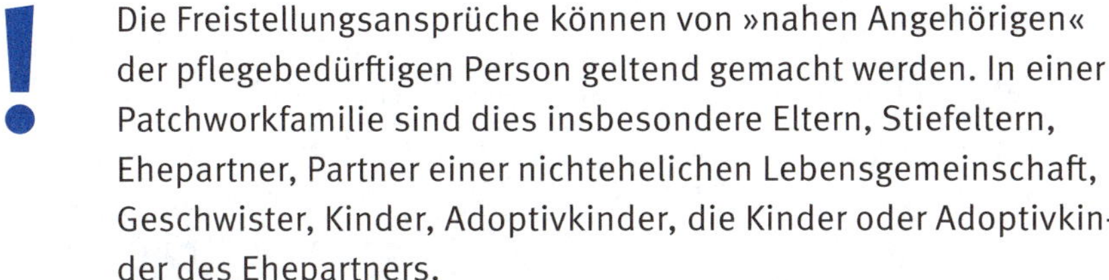

Die Freistellungsansprüche können von »nahen Angehörigen« der pflegebedürftigen Person geltend gemacht werden. In einer Patchworkfamilie sind dies insbesondere Eltern, Stiefeltern, Ehepartner, Partner einer nichtehelichen Lebensgemeinschaft, Geschwister, Kinder, Adoptivkinder, die Kinder oder Adoptivkinder des Ehepartners.

Achtung: Stiefkinder zählen zu den nahen Angehörigen. Sind die Patchworkpartner aber nicht verheiratet, stehen den Kindern des Partners keine Freistellungsansprüche zu.

Kurzzeitige Arbeitsverhinderung

Beschäftigte haben das Recht, bis zu zehn Arbeitstage je Kalenderjahr der Arbeit fernzubleiben, wenn dies erforderlich ist, um für einen pflegebedürftigen nahen Angehörigen in einer akut aufgetretenen Pflegesituation eine bedarfsgerechte Pflege zu organisieren oder eine pflegerische Versorgung sicherzustellen. Der Anspruch gegenüber dem Arbeitgeber auf Freistellung wegen kurzfristiger Arbeitsverhinderung besteht unabhängig von der Größe des Unternehmens. Auch die Dauer der bisherigen Betriebszugehörigkeit des Beschäftigten ist für den Anspruch nicht von Bedeutung.

Beschäftigte, die eine kurzzeitige Arbeitsverhinderung für die Dauer von bis zu zehn Arbeitstagen je Kalenderjahr in Anspruch nehmen, haben unter bestimmten Voraussetzungen als Ausgleich auf ein entgangenes Arbeitsentgelt Anspruch auf Pflegeunterstützungsgeld, es sei denn, der Arbeitgeber ist gesetzlich oder vertraglich (z.B. aufgrund des Arbeitsvertrags oder eines Tarifvertrags) zur Fortzahlung der Vergütung verpflichtet. Das Pflegeunterstützungsgeld wird auf Antrag gewährt. Dieser muss bei der Pflegekasse gestellt werden.

Pflegezeit

Beschäftigte haben einen Rechtsanspruch auf eine bis zu sechsmonatige teilweise oder vollständige Freistellung, wenn sie einen pflegebedürftigen nahen Angehörigen in häuslicher Umgebung pflegen. Ebenso wie das Recht zur kurzzeitigen Arbeitsverhinderung besteht der Anspruch auf Pflegezeit unabhängig von der bisherigen Dauer der Betriebszugehörigkeit des Beschäftigten. Der Anspruch auf Pflegezeit besteht allerdings nur gegenüber Arbeitgebern mit mehr als 15 Beschäftigten.

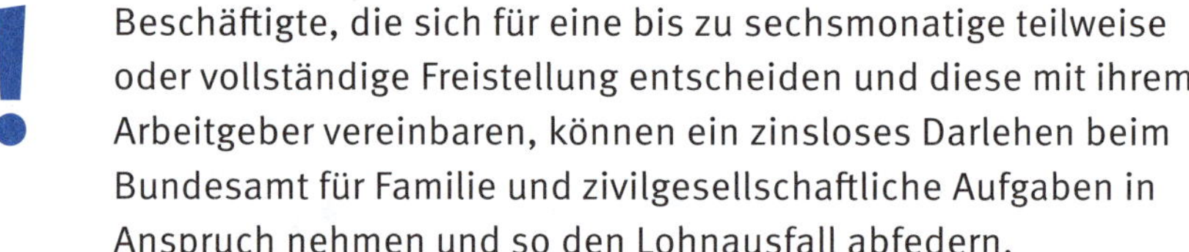

Beschäftigte, die sich für eine bis zu sechsmonatige teilweise oder vollständige Freistellung entscheiden und diese mit ihrem Arbeitgeber vereinbaren, können ein zinsloses Darlehen beim Bundesamt für Familie und zivilgesellschaftliche Aufgaben in Anspruch nehmen und so den Lohnausfall abfedern.

Familienpflegezeit

Beschäftigte haben einen Rechtsanspruch auf Familienpflegezeit. Sie sind von der Arbeitsleistung für längstens 24 Monate teilweise freizustellen, wenn sie einen pflegebedürftigen nahen Angehörigen in häuslicher Umgebung pflegen. Gesetzlich ist für die Dauer der Familienpflegezeit eine Mindestarbeitszeit festgelegt. Während der Familienpflegezeit muss die verringerte Arbeitszeit wöchentlich mindestens 15 Stunden betragen. Ebenso wie der Anspruch auf Pflegezeit besteht der Anspruch auf Familienpflegezeit unabhängig von der bisherigen Dauer der Betriebszugehörigkeit des Beschäftigten. Der Anspruch besteht allerdings nur gegenüber Arbeitgebern mit mehr als 25 Beschäftigten.

! Für die Zeit der Freistellung im Rahmen der Familienpflegezeit haben Beschäftigte wie bei der Pflegezeit einen Rechtsanspruch auf ein in monatlichen Raten zu zahlendes zinsloses Darlehen des Bundesamts für Familie und zivilgesellschaftliche Aufgaben. Anspruch auf Pflegeunterstützungsgeld besteht nicht.

7.8.2 Soziale Absicherung der Pflegepersonen

Die gesetzliche Pflegeversicherung begründet nicht nur Leistungsansprüche für den Pflegebedürftigen, sie gewährleistet auch unmittelbar und mittelbar dem Pflegenden Ansprüche und Rechte. Insgesamt soll damit die Betreuung des Pflegebedürftigen sichergestellt, der Pflegende finanziell unterstützt und seine soziale Absicherung in der gesetzlichen Renten-, Unfall- und Arbeitslosenversicherung gewährleistet werden.

Von der sozialen Absicherung bei der Pflege profitieren unter Umständen auch Angehörige der Patchworkfamilie. Sozial abgesichert sind »Pflegepersonen«. Darunter sind Personen zu verstehen, die nicht erwerbsmäßig einen Pflegebedürftigen in seiner häuslichen Umgebung pflegen. In Betracht kommen unter anderem der Ehepartner, der nichteheliche Lebenspartner, leibliche Kinder, Stief- oder Adoptivkinder und Kinder des nichtehelichen Partners. Von einer ehrenamtlichen Tätigkeit ist regelmäßig auch dann auszugehen, wenn der Pflegebedürftige das ihm zustehende Pflegegeld an die Pflegeperson weiterreicht. Auch Berufstätige können Pflegeperson sein, wenn eine angemessene Versorgung und Betreuung des Pflegebedürftigen trotz der Berufstätigkeit sichergestellt werden kann. Leistungen zur sozialen Sicherung erhält eine Pflegeperson allerdings nur dann, wenn sie eine oder mehrere pflegebedürftige Personen wenigstens zehn Stunden wöchentlich, verteilt auf regelmäßig mindestens zwei Tage in der Woche, pflegt.

Soziale Absicherung in der Rentenversicherung

Zur Verbesserung der sozialen Sicherung der Pflegepersonen, die einen Pflegebedürftigen mit mindestens Pflegegrad 2 pflegen, entrichten die Pflegekassen und die privaten Versicherungsunternehmen, bei denen eine private Pflege-Pflichtversicherung durchgeführt wird, Rentenbeiträge, wenn die Pflegeperson regelmäßig nicht mehr als 30 Stunden wöchentlich erwerbstätig ist. Die Pflege muss von der Pflegeperson mindestens zehn Stunden, verteilt auf regelmäßig mindestens zwei Tage in der Woche, in der häuslichen Umgebung erfolgen.

Ausgeschlossen von der Versicherungspflicht bei häuslicher Pflege sind Pflegepersonen, die die Pflegetätigkeit erwerbsmäßig ausüben. Bei Pflege durch Familienangehörige oder Verwandte wird grundsätzlich unterstellt, dass die Pflege nicht erwerbsmäßig ausgeübt wird. Keine Bedeutung hat, ob die Pflegeperson vom Pflegebedürftigen eine finanzielle Anerkennung erhält.

Bei nicht erwerbsmäßigen Pflegepersonen, die die Voraussetzungen für die Beitragspflicht erfüllen, werden die Beiträge zur Rentenversicherung gezahlt

- bei Pflegepersonen, die einen in der sozialen Pflegeversicherung versicherten Pflegebedürftigen pflegen, von der Pflegekasse,
- bei Pflegepersonen, die einen in der sozialen Pflegeversicherung versicherungsfreien Pflegebedürftigen pflegen, von dem privaten Versicherungsunternehmen,
- bei Pflegepersonen, die einen Pflegebedürftigen pflegen, der wegen Pflegebedürftigkeit Beihilfeleistungen oder Leistungen der Heilfürsorge und Leistungen einer Pflegekasse oder eines privaten Versicherungsunternehmens erhält, von der Festsetzungsstelle für die Beihilfe oder vom Dienstherrn und der Pflegekasse oder dem privaten Versicherungsunternehmen anteilig.

Soziale Absicherung in der Unfallversicherung

Pflegepersonen sind in die gesetzliche Unfallversicherung einbezogen. Versichert sind Pflegepersonen, die eine oder mehrere pflegebedürftige Personen mit mindestens Pflegegrad 2 in häuslicher Umgebung, nicht erwerbsmäßig wenigstens zehn Stunden wöchentlich, verteilt auf regelmäßig mindestens zwei Tage in der Woche pflegen.

Versichert ist die Pflegeperson bei allen unmittelbar pflegebezogenen Tätigkeiten. Versichert sind unter anderem folgende Tätigkeiten:

- im Bereich der hauswirtschaftlichen Versorgung: Unterstützung bei der Reinigung der Wohnung, Spülen, beim Wechseln, Waschen und Pflege von Wäsche und Kleidung;
- im Bereich der Selbstversorgung: Unterstützung beim Waschen des Körpers, bei der Zubereitung der Nahrung und bei der Toilettenbenutzung;
- im Bereich der Mobilität: Hilfen beim Aufstehen und Zubettgehen, beim Gehen, Stehen, Treppensteigen, Verlassen und Wiederaufsuchen der Wohnung.

Soziale Absicherung in der Arbeitslosenversicherung

Steigt die Pflegeperson aus ihrem Beruf aus, um sich um pflegebedürftige Angehörige zu kümmern, bezahlt die Pflegeversicherung die Beiträge zur Arbeitslosenversicherung für die Dauer der Pflegetätigkeit. Die Pflegeperson hat damit Anspruch auf Arbeitslosengeld und Leistungen der aktiven Arbeitsförderung (insbesondere auf Beratung und Vermittlung sowie Förderung der beruflichen Weiterbildung durch Übernahme der Weiterbildungskosten), falls ein nahtloser Einstieg in eine Beschäftigung nach Ende der Pflegetätigkeit nicht gelingt.

Versichert sind Pflegepersonen, die eine oder mehrere pflegebedürftige Personen im Sinne der sozialen Pflegeversicherung mit mindestens Pflegegrad 2, in häuslicher Umgebung, nicht erwerbsmäßig wenigstens zehn Stunden wöchentlich, verteilt auf regelmäßig mindestens zwei Tage in der Woche pflegen.

Achtung: Versicherungspflicht besteht nur dann, wenn unmittelbar vor der Pflegetätigkeit eine Versicherungspflicht in der Arbeitslosenversicherung bestanden hat oder eine Entgeltersatzleistung nach dem SGB III (z.B. Arbeitslosengeld) bezogen wurde. Ferner darf nicht bereits eine anderweitige Absicherung in der Arbeitslosenversicherung (z.B. wegen einer Teilzeitbeschäftigung) bestehen.

7.9 BAföG

Bildung und Ausbildung sind heute wichtiger denn je. Aber nicht alle Eltern können ihren Kindern eine Ausbildung oder ein Studium finanzieren. In diesem Fall erfahren Schüler und Studenten eine staatliche Unterstützung, wenn ihnen die für ihren Lebensbedarf und ihre Ausbildung erforderlichen Mittel anderweitig nicht zur Verfügung stehen.

Für das BAföG sind nicht die Kosten entscheidend, die bei dem Antragstellen tatsächlich anfallen. Stattdessen gibt es pauschal festgelegte Beträge, die den durchschnittlichen Bedarf an Geld für Lebenshaltungskosten wie Essen und Kleidung, aber auch für Ausbildungskosten wie Lehrbücher und Fahrtkosten abdecken. Die individuelle Förderhöhe hängt von mehreren Faktoren ab. Von Bedeutung für den Bedarf ist neben dem Einkommen und dem Vermögen des Auszubildenden auch das anrechenbare Einkommen der Eltern. Bei Patchworkfamilien müssen in diesem Zusammenhang die konkreten Familienverhältnisse berücksichtigt werden.

7.9.1 Berechtigte

Bei Beginn der Ausbildung dürfen Auszubildende nicht älter als 44 Jahre sein. In besonderen Fällen kann Ausbildungsförderung auch bei Überschreiten dieser Altersgrenze geleistet werden, so etwa für Absolventen des zweiten Bildungsweges und Auszubildende, die aus persönlichen oder familiären Gründen gehindert waren, den Ausbildungsabschnitt rechtzeitig zu beginnen. Letzteres ist insbesondere der Fall, wenn sie bei Erreichen der Altersgrenzen bis zur Aufnahme der Ausbildung ein eigenes Kind unter 14 Jahren ohne Unterbrechung erziehen und während dieser Zeit bis zu höchstens 30 Wochenstunden im Monatsdurchschnitt erwerbstätig sind.

7.9.2 Förderfähige Ausbildung

Nur wenn die Ausbildung förderfähig ist, kann Ausbildungsförderung gewährt werden. Ausbildungsförderung wird geleistet für den Besuch von

- weiterführenden allgemeinbildenden Schulen und Berufsfachschulen, einschließlich der Klassen aller Formen der beruflichen Grundbildung, ab Klasse 10 sowie von Fach- und Fachoberschulklassen, deren Besuch eine abgeschlossene Berufsausbildung nicht voraussetzt, wenn der Auszubildende besondere Voraussetzungen erfüllt (vgl. dazu unten),
- Berufsfachschulklassen und Fachschulklassen, deren Besuch eine abgeschlossene Berufsausbildung nicht voraussetzt, sofern sie in einem zumindest zweijährigen Bildungsgang einen berufsqualifizierenden Abschluss vermitteln,
- Fach- und Fachoberschulklassen, deren Besuch eine abgeschlossene Berufsausbildung voraussetzt,
- Abendhauptschulen, Berufsaufbauschulen, Abendrealschulen, Abendgymnasien und Kollegs,
- höheren Fachschulen sowie von Akademien, die Abschlüsse verleihen, die nicht nach Landesrecht Hochschulabschlüssen gleichgestellt sind,
- Hochschulen sowie von Akademien, die Abschlüsse verleihen, die nach Landesrecht Hochschulabschlüssen gleichgestellt sind.

Für den Besuch von weiterführenden allgemeinbildenden Schulen und Berufsfachschulen, einschließlich der Klassen aller Formen der beruflichen Grundbildung, ab Klasse 10 sowie von Fach- und Fachoberschulklassen, deren Besuch eine abgeschlossene Berufsausbildung nicht voraussetzt, wird Ausbildungsförderung nur geleistet, wenn der Auszubildende nicht bei seinen Eltern wohnt und

- von der Wohnung der Eltern aus eine entsprechende zumutbare Ausbildungsstätte nicht erreichbar ist,

- einen eigenen Haushalt führt und verheiratet oder in einer Lebenspartnerschaft verbunden ist oder war,
- einen eigenen Haushalt führt und mit mindestens einem Kind zusammenlebt.

7.9.3 Freibeträge bei Anrechnung von Einkommen

Verfügt der Auszubildende über kein anrechenbares Einkommen oder bleibt nach Abzug seines anrechenbaren Einkommens noch etwas vom BAföG-Bedarf übrig, kann das Einkommen des etwaigen Ehepartners (nicht des etwaigen nichtehelichen Lebenspartners) und der Eltern des Auszubildenden den BAföG-Anspruch senken. Hierbei sind Freibeträge zu berücksichtigen, für deren Höhe in der Patchworkfamilie die konkreten Verhältnisse maßgebend sind.

- Verheiratete Eltern erhalten zusammen einen festen Grundfreibetrag von 2.415,– €.
- Sind die Eltern geschieden, so steht jedem Elternteil ein fester Grundfreibetrag von 1.605,– € zu.
- In Stieffamilien erhöhen sich die Freibeträge um 805,– €. In den Genuss dieses erhöhten Freibetrags kommen allerdings nur miteinander verheiratete Paare. Patchworkpaaren ohne Trauschein steht der erhöhte Freibetrag nicht zu.
- Der Ehepartner hat einen Freibetrag von 1.605,– €.
- Das die Freibeträge übersteigende Einkommen der Eltern und des Ehepartners bleibt zu 50 % anrechnungsfrei.
- Einen zusätzlichen Freibetrag von je 730,– € auf ihr Einkommen erhalten die Eltern für jedes unterhaltspflichtige Kind, das nicht studiert oder Berufsausbildungsbeihilfe erhält. Berücksichtigt werden leibliche Kinder, Pflegekinder und Stiefkinder, nicht dagegen Kinder des nichtehelichen Lebenspartners.
- Das die Freibeträge übersteigende Einkommen des Kindes bleibt zu 5 % für jedes Kind anrechnungsfrei.

Achtung: Vermögen des Auszubildenden bleibt bei der BAföG-Förderung bis zu 15.000,– € unberücksichtigt (für Auszubildende ab 30 Jahre sind das 45.000,– €), der Rest ist voll zur Finanzierung der Ausbildung einzusetzen. Vermögen des etwaigen Ehepartners oder der Eltern der Auszubildenden werden nicht auf den Bedarf angerechnet, wohl aber das Einkommen, das diese Personen aus ihrem Vermögen erzielen.

7.10 Bürgergeld

Bürgergeld erhalten Personen zwischen dem 15. Lebensjahr und dem Beginn der Regelaltersrente, die erwerbsfähig und hilfebedürftig sind und ihren gewöhnlichen Aufenthalt in Deutschland haben.

- Erwerbsfähig sind Personen, die nicht wegen Krankheit oder Behinderung auf absehbare Zeit außerstande sind, unter den üblichen Bedingungen des allgemeinen Arbeitsmarkts mindestens drei Stunden täglich erwerbstätig zu sein.
- Hilfebedürftig ist, wer seinen Lebensunterhalt nicht oder nicht ausreichend aus dem zu berücksichtigenden Einkommen oder Vermögen sichern kann und die erforderliche Hilfe von anderen, insbesondere von Angehörigen oder von Trägern anderer Sozialleistungen, erhält.

7.10.1 Einkommen und Vermögen

Nur hilfebedürftige Personen erhalten Bürgergeld. Deshalb müssen grundsätzlich zuerst die eigenen Mittel, also Einkommen und Vermögen, eingesetzt werden, bevor finanzielle Hilfe gewährt wird. Berücksichtigt wird das Einkommen und Vermögen des Hilfebedürftigen und das Einkommen und Vermögen seiner Bedarfsgemeinschaft.

Einkommen

Zum anrechenbaren Einkommen gehören unter anderem

- Einnahmen aus nichtselbstständiger und selbstständiger Tätigkeit,
- Entgeltersatzleistungen wie Arbeitslosengeld, Elterngeld oder Krankengeld,
- Einnahmen aus Vermietung und Verpachtung,
- Unterhaltsleistungen,
- Kindergeld,
- Renten,
- Kapital- und Zinserträge,
- Steuererstattungen,
- Abfindungen.

Von diesen Einkommen werden bestimmte Beträge (z.B. auf das Einkommen entfallende Steuern, Pflichtbeiträge zur gesetzlichen Sozialversicherung, Werbungskosten) abgezogen. Zudem werden vom Jobcenter bestimmte Freibeträge berücksichtigt.

Vermögen

Zum Vermögen gehören unter anderem

- Bargeld,
- Sparguthaben, Sparbriefe, Wertpapiere,
- bewegliche Sachen (z.B. Kraftfahrzeuge, Fahrräder, Schmuck),
- Kapitallebensversicherungen,
- Immobilien.

Nicht berücksichtigt werden unter anderem angemessener Hausrat, ein angemessenes Kraftfahrzeug, für die Altersvorsorge bestimmte Versicherungsverträge, ein selbst genutztes Hausgrundstück mit einer Wohnfläche von bis zu 140 m^2 oder eine selbst genutzte Eigentumswohnung von bis zu 130 m^2.

Im ersten Jahr des Bezugs von Bürgergeld wird das Vermögen nur berücksichtigt, wenn es erheblich ist. Das ist der Fall, wenn das Vermögen in der Summe folgende Beträge übersteigt:

- 40.000,– € für die erste leistungsberechtigte Person in der Bedarfsgemeinschaft und
- 15.000,– € für jede weitere Person in der Bedarfsgemeinschaft.

Beim Vermögen gibt es einen Freibetrag (Absetzbetrag). Dieser ist nach Ablauf der Karenzzeit maßgeblich und beträgt 15.000,– € für jede Person, die in der Bedarfsgemeinschaft lebt. Übersteigt das Vermögen einer Person in der Bedarfsgemeinschaft diesen Betrag, werden die nicht ausgeschöpften Freibeträge der anderen Personen in der Bedarfsgemeinschaft auf diese Person übertragen.

7.10.2 Patchworkfamilie als Bedarfsgemeinschaft

Bei der Berechnung des Bürgergelds (z.B. bei dem maßgebenden Regelbedarf der einzelnen Person) wird die sogenannte Bedarfsgemeinschaft betrachtet. Lebt der Antragsteller mit anderen Personen zusammen und übernehmen alle eine wechselseitige Verantwortung füreinander, bilden sie gemeinsam die Bedarfsgemeinschaft. Die Mitglieder einer Bedarfsgemeinschaft müssen also mit ihrem Einkommen und Vermögen füreinander aufkommen. Einkommen und Vermögen des einen Patchworkpartners wird auf den Bedarf des anderen angerechnet. Es findet also ein Ausgleich statt.

Zu einer Bedarfsgemeinschaft gehören unter anderem

- die erwerbsfähigen Leistungsberechtigten;
- der Partner von erwerbsfähigen Leistungsberechtigten; das sind
  - der nicht dauernd getrennt lebende Ehepartner,
  - der Partner in einer sogenannten Verantwortungs- und Einstehensgemeinschaft (vgl. dazu unten).
- die unverheirateten Kinder des erwerbsfähigen Leistungsberechtigten oder des Partners, wenn sie das 25. Lebensjahr noch nicht vollendet haben.

Eine Verantwortungs- und Einstehensgemeinschaft liegt vor, wenn eine Person mit der erwerbsfähigen leistungsberechtigten Person in einem gemeinsamen Haushalt so zusammenlebt, dass nach verständiger Würdigung der wechselseitige Wille anzunehmen ist, Verantwortung füreinander zu tragen und füreinander einzustehen. Eine solche wird vermutet, wenn Partner

- länger als ein Jahr zusammenleben,
- mit einem gemeinsamen Kind zusammenleben,
- Kinder oder Angehörige im Haushalt versorgen oder
- über Einkommen oder Vermögen des anderen verfügen.

Achtung: Zusammenfassend ist festzuhalten: Einkommen und Vermögen, über das einzelne Mitglieder der Bedarfsgemeinschaft verfügen, werden innerhalb einer Bedarfsgemeinschaft auch bei den anderen Mitgliedern der Bedarfsgemeinschaft berücksichtigt. Mit anderen Worten: Hat ein erwachsenes Mitglied Einkommen und/oder Vermögen, muss es für die anderen einstehen. Ausgenommen von dieser Regel ist das Einkommen und Vermögen von Kindern. Das Einkommen und Vermögen eines Kindes deckt nur den Bedarf des Kindes selbst.

---

8 Scheidung verheirateter Partner der Patchworkfamilie

Für die Scheidung verheirateter Partner einer Patchworkfamilie gelten grundsätzlich die gleichen Voraussetzungen wie für die Scheidung aller Ehen. Einzige Voraussetzung für die Scheidung ist, dass die Ehe gescheitert ist. Das ist der Fall, wenn die eheliche Lebensgemeinschaft nicht mehr besteht und nicht erwartet werden kann, dass sie wiederhergestellt wird. Der Grund des Scheiterns hat keine Bedeutung, ebenso ist unbeachtlich, wer dafür verantwortlich ist.

Mit einer Scheidung sind nicht nur emotionale Folgen für alle Beteiligten verbunden, sie betrifft auch viele finanzielle und rechtliche Bereiche des bisherigen gemeinsamen Lebens der Ehepartner in einer Patchworkfamilie. Diese betreffen insbesondere den Unterhalt der Kinder der Ehepartner und unter Umständen nachehelichen Unterhalt für den geschiedenen Partner, das elterliche Sorge- und Umgangsrecht für Kinder und nicht zuletzt die vermögensrechtliche Auseinandersetzung. Letztere erstreckt sich insbesondere auf den Ausgleich des von den Ehepartnern in der Ehe erzielten Vermögens, den Versorgungsausgleich und die Zuteilung der Ehewohnung und Verteilung der Haushaltsgegenstände.

8.1 Einvernehmliche und streitige Scheidung

Die Scheidung der Ehe setzt voraus, dass sie gescheitert ist. In diesem Zusammenhang muss zwischen der einvernehmlichen und der streitigen Scheidung unterschieden werden. Während sich bei einer einvernehmlichen Scheidung die scheidungswilligen Ehepartner über die Scheidung und deren Folgen einig sind, streiten sich die Ehepartner bei einer streitigen Scheidung über die Voraussetzungen ihrer Scheidung oder über die im Hinblick auf die Trennung und Scheidung einhergehenden Folgen.

8.1.1 Einvernehmliche Scheidung

Leben die Ehepartner seit einem Jahr getrennt und wollen beide Ehepartner geschieden werden, so gilt die Ehe unwiderlegbar als gescheitert. Der Richter kann in diesem Fall nur nachprüfen, ob das Trennungsjahr wirklich abgelaufen ist. Eine einvernehmliche Scheidung ist auch dann möglich, wenn sich die Eheleute über die Scheidungsfolgen wie die elterliche Sorge und das Umgangsrecht, den Unterhalt für Kinder und für den Ehepartner, den Hausrat und die Wohnung nicht geeinigt haben. Mit diesen sogenannten Folgesachen beschäftigt sich das Gericht nur, wenn ein entsprechender Antrag gestellt wird. Ausreichend ist also eine Erklärung in der Scheidungsantragsschrift, ob die Ehepartner überhaupt entsprechende Regelungen getroffen haben oder nicht.

8.1.2 Streitige Scheidung

Stimmt der andere Ehepartner dem Scheidungsantrag nicht zu, kann die Ehe auch so geschieden werden. Voraussetzung ist, dass das Gericht aufgrund eines entsprechenden Vortrags des Antragstellers und der Eheleute davon überzeugt ist, dass die Ehe zerrüttet ist und keiner der Ehepartner sie wiederherstellen möchte. Die Zerrüttung der Ehe wird unwiderlegbar vermutet, wenn die Ehepartner seit drei Jahren getrennt leben. Leben die Ehepartner nicht oder noch nicht ein Jahr getrennt, so kann die Ehe nur geschieden werden, wenn ihre Fortsetzung für den Antragsteller aus Gründen, die in der Person des anderen Ehepartners liegen, eine unzumutbare Härte darstellen würde.

Allerdings gibt es immer wieder Fälle, in denen einer der Partner partout an der Ehe festhalten will. Dafür hat der Gesetzgeber eine Härtefallregelung vorgesehen: Die Ehe soll nicht geschieden werden, obwohl sie gescheitert ist, wenn und solange die Aufrechterhaltung der Ehe im Interesse der aus der Ehe hervorgegangenen minderjährigen Kinder aus besonderen Gründen ausnahmsweise notwendig ist oder wenn und solange die Scheidung für den Antragsgegner, der sie ablehnt, aufgrund außergewöhnlicher Umstände eine so schwere Härte darstellen würde, dass die Aufrechterhaltung der Ehe auch unter Berücksichtigung der Belange des Antragstellers ausnahmsweise geboten erscheint (z.B. bei Suizidgefahr des scheidungsunwilligen Ehepartners).

8.2 Unterhalt für Kinder

Wenn sich verheiratete Patchworkpartner scheiden lassen, ist für den für Kinder zu leistenden Unterhalt von Bedeutung, ob es sich um gemeinschaftliche Kinder der Eheleute oder um Kinder nur eines Partners (Stiefkinder) handelt.

8.2.1 Unterhalt für gemeinschaftliche Kinder

Ein minderjähriges Kind hat Anspruch auf Unterhalt von beiden Elternteilen. Der Unterhalt setzt sich aus dem Barunterhalt und dem Betreuungsunterhalt zusammen. Betreuungsunterhalt leistet der Elternteil, bei dem das Kind lebt, in dem er für Nahrung, Kleidung und kostenlosen Wohnraum sorgt. Außer diesem Betreuungsunterhalt muss kein weiterer Unterhalt geleistet werden. Barunterhalt durch Zahlung eines bestimmten Geldbetrags hat derjenige Ehepartner zu leisten, bei dem das Kind nicht dauerhaft lebt.

Anspruch auf Kindesunterhalt haben auch sogenannte privilegierte Volljährige. Privilegierte volljährige Kinder sind unverheiratete Kinder bis zur Vollendung des 21. Lebensjahrs, solange sie im Haushalt der Eltern oder eines Elternteils leben und sich in der allgemeinen Schulausbildung befinden.

Unterhaltsbedürftigkeit des Kindes

Jeder Unterhaltsanspruch setzt voraus, dass der Berechtigte außerstande ist, sich selbst zu unterhalten. Das gilt auch für Kinder, und zwar unabhängig davon, ob sie minderjährig oder volljährig sind.

Verfügt das minderjährige oder volljährige Kind über eigene Einkünfte, so besteht kein Unterhaltsanspruch mehr, soweit diese Einkünfte zur Deckung seines Lebensbedarfs reichen.

Einkünfte des Kindes werden auf seinen Bedarf angerechnet, sodass sich hierdurch auch seine Bedürftigkeit verringert.

- Zu den anrechenbaren Einkünften des Kindes gehört seine Ausbildungsvergütung, die sich allerdings um berufsbedingte Aufwendungen (z.B. Fahrtkosten, Kleidung, Lehrermaterial) verringert. Nach der Düsseldorfer Tabelle (vgl. dazu unten) ist die Ausbildungsvergütung eines in der Berufsausbildung stehenden Kindes, das im Haushalt der Eltern oder eines Elternteils wohnt, pauschal um monatlich 100,– € zu kürzen.
- Bei BAföG-Leistungen ist zu unterscheiden: Handelt es sich lediglich um Vorauszahlungen, sind diese nicht als anrechenbares Einkommen anzusehen. Endgültige Zuschüsse hingegen mindern den Unterhaltsbedarf, und zwar auch dann, wenn die Zuwendungen lediglich als Darlehen gewährt werden.
- Erträge aus Vermögen (z.B. Zinserträge aus Kapitalvermögen, Einkünfte aus Vermietung) gehören zum anrechenbaren Einkommen des Kindes.

Achtung: Freiwillige Leistungen von dritten Personen (z.B. der Großeltern) an das Kind (z.B. Taschengeld) sind nicht auf den Unterhaltsbedarf anzurechnen.

Leistungsfähigkeit des Unterhaltsverpflichteten

Eine Unterhaltspflicht gegenüber minderjährigen Kindern besteht nur insoweit, als der Unterhaltspflichtige leistungsfähig ist. Unterhaltspflichtig ist deshalb nicht, wer bei Berücksichtigung sonstiger Verpflichtungen außerstande ist, ohne Gefährdung seines eigenen Unterhalts den Unterhalt zu gewähren.

Dem Unterhaltspflichtigen müssen die Mittel verbleiben, die er für seinen Lebensbedarf benötigt (sog. Selbstbehalt). Der Selbstbehalt drückt den Geldbetrag aus, der dem Unterhaltspflichtigen nach Abzug aller unterhaltsrechtlichen Verpflichtungen für das eigene Leben verbleiben muss.

Der notwendige Selbstbehalt beträgt nach der Düsseldorfer Tabelle (Stand 2024) gegenüber minderjährigen unverheirateten Kindern und gegenüber volljährigen unverheirateten Kindern bis zur Vollendung des 21. Lebensjahrs, die im Haushalt der Eltern oder eines Elternteils leben und sich in der allgemeinen Schulausbildung befinden, beim nicht erwerbstätigen Unterhaltspflichtigen monatlich 1.200,– €, beim erwerbstätigen Unterhaltspflichtigen monatlich 1.450,– €. Darin sind 520,– € für Unterkunft einschließlich umlagefähiger Nebenkosten enthalten.

Soweit das tatsächlich verfügbare Einkommen den maßgeblichen Selbstbehalt übersteigt, muss es vom Schuldner für Unterhaltsansprüche eingesetzt werden.

Bemessung des Unterhalts

Das Maß des zu gewährenden Unterhalts bestimmt sich nach der Lebensstellung des Bedürftigen. Weil Kinder keine eigene Lebensstellung haben, nehmen sie bis dahin an der Lebensstellung ihrer Eltern teil. Der angemessene Unterhalt des Kindes bestimmt sich somit nach deren Einkommens- und Vermögensverhältnissen.

Pauschalierter Bedarf nach der Düsseldorfer Tabelle

Auf der Grundlage eines gesetzlich festgelegten Mindestunterhalts wird der Unterhaltsbedarf des Kindes nicht individuell ermittelt, sondern pauschaliert in Unterhaltstabellen festgelegt. Die sogenannte Düsseldorfer Tabelle ist eine bundesweit anerkannte Richtlinie zum Unterhaltsbedarf, die auf der Grundlage des Mindestunterhalts für minderjährige Kinder aufgebaut ist. In der Tabelle finden sich die monatlichen Beträge für den Kindesunterhalt gestaffelt nach dem Nettoeinkommen des Unterhaltspflichtigen und dem Alter der Kinder. Die Tabelle hat allerdings keine Gesetzeskraft, sondern stellt eine Richtlinie dar.

Berücksichtigung des Kindergelds

Das Kindergeld für ein minderjähriges Kind steht beiden Elternteilen zu, es wird aber in voller Höhe an den Elternteil ausbezahlt, bei dem das Kind wohnt. Deshalb darf der Elternteil, der den Kindesunterhalt zahlen muss, die Hälfte des Kindergelds vom Unterhalt abziehen. Der vom Unterhaltspflichtigen tatsächlich zu zahlende Unterhalt (sog. Zahlbetrag) ergibt sich folglich daraus, dass vom jeweiligen Tabellenunterhalt die Hälfte des Kindergelds abzuziehen ist.

Mehr- und Sonderbedarf

Die Tabellensätze der Düsseldorfer Tabelle setzen sich aus pauschalierten Beträgen für alle elementaren Bedarfspositionen zusammen. Alle damit zusammenhängenden Kosten sind in der Regel mit dem Elementarunterhalt abgegolten. Daneben kann allerdings noch ein Mehr- oder Sonderbedarf entstehen, der gesondert geltend gemacht werden muss.

Um Mehrbedarf handelt es sich bei andauernden Mehrausgaben, die zum Lebensbedarf des Kindes gehören.

Um Mehrbedarf handelt es sich beispielsweise bei Krankenversicherungsbeiträgen, Studiengebühren, Kosten für privaten Nachhilfeunterricht, krankheitsbedingte Mehrkosten bei einem behinderten Kind und Kosten eines längeren Auslandsaufenthalts.

Um Sonderbedarf handelt es sich bei einem unregelmäßigen, vorher nicht abschätzbaren außerordentlich hohen Bedarf, der nicht auf Dauer besteht und der nicht voraussehbar gewesen ist, sodass er bei der Bemessung des laufenden Unterhalts nicht berücksichtigt werden konnte bzw. in den Sätzen der Düsseldorfer Tabelle nicht enthalten ist. Wie beim Mehrbedarf haften die Eltern auch für den Sonderbedarf anteilig.

Sonderbedarf sind beispielsweise unvorhergesehene Krankheitskosten, die Erstausstattung eines Neugeborenen, von der Krankenkasse nicht übernommene Kosten für eine stationäre Behandlung und notwendige Kosten für die Durchsetzung des Unterhaltsanspruchs.

8.2.2 Unterhalt für Stiefkinder

Gegenüber den Kindern, die der Ehepartner in die zweite Ehe mit einbringt (Stiefkinder), ist der neue Partner nicht unterhaltspflichtig. Ebenso wenig ist der andere Ehepartner gegenüber den eigenen Kindern unterhaltspflichtig, die ein Partner in die Patchworkfamilie mitbringt. Eine Unterhaltspflicht besteht allerdings dann, wenn das Kind des Ehepartners in der zweiten Ehe adoptiert wird. Adoptierte Kinder stehen den eigenen Kindern rechtlich gleich (vgl. dazu 6.3).

8.3 Unterhalt für geschiedenen Ehepartner

Nach dem gesetzlichen Grundsatz der Eigenverantwortung obliegt es nach der Scheidung jedem Ehepartner, selbst für seinen Unterhalt zu sorgen. Dieser Grundsatz wird eingeschränkt durch das Prinzip der nachwirkenden Mitverantwortung des wirtschaftlich stärkeren Ehepartners für den anderen. Ist ein Ehepartner nicht in der Lage, selbst für seinen Unterhalt zu sorgen, gebietet es die nacheheliche Solidarität, vor allem den notwendigen Ausgleich für ehebedingte Nachteile zu leisten. Unterhaltsansprüche nach der Scheidung sind aber die Ausnahme und nicht die Regel.

8.3.1 Anspruchsvoraussetzungen

Nur in den abschließend im Gesetz aufgeführten Fällen kann der Ehepartner nachehelichen Unterhalt von seinem geschiedenen Partner verlangen, vorausgesetzt, er ist bedürftig und der Ex-Ehepartner ist leistungsfähig.

Unterhalt wegen Betreuung eines Kindes

Ein geschiedener Ehepartner kann vom anderen wegen der Pflege oder Erziehung eines Kindes für mindestens drei Jahre nach der Geburt Unterhalt verlangen. Voraussetzung ist, dass es sich um ein gemeinschaftliches Kind handelt, also um ein Kind, das in der Ehe geboren wurde, oder um ein voreheliches Kind, dessen Vaterschaft vom späteren Ehepartner anerkannt oder gerichtlich festgestellt wurde.

Unterhalt wegen Alters

Ein Unterhaltsanspruch steht dem geschiedenen Ehepartner gegenüber dem anderen zu, soweit von ihm im Zeitpunkt der Scheidung, der Beendigung der Pflege oder Erziehung eines gemeinschaftlichen Kindes oder des Wegfalls der Voraussetzungen für einen Unterhaltsanspruch wegen Krankheit oder Gebrechen oder Erwerbslosigkeit wegen seines Alters eine Erwerbstätigkeit nicht mehr erwartet werden kann.

Unterhalt wegen Krankheit oder Gebrechen

Ein geschiedener Ehepartner kann von dem anderen Unterhalt verlangen, solange und soweit von ihm vom Zeitpunkt

- der Scheidung,
- der Beendigung der Pflege oder Erziehung eines gemeinschaftlichen Kindes,

- der Beendigung der Ausbildung, Fortbildung oder Umschulung oder
- des Wegfalls der Voraussetzungen für einen Unterhaltsanspruch wegen Erwerbslosigkeit

an wegen Krankheit oder anderer Gebrechen oder Schwäche seiner körperlichen oder geistigen Kräfte eine Erwerbstätigkeit nicht erwartet werden kann.

Unterhalt wegen Erwerbslosigkeit oder nicht ausreichender Einkünfte

Soweit ein geschiedener Ehepartner keinen Unterhaltsanspruch wegen Kindesbetreuung, Alter oder Krankheit hat, kann er gleichwohl Unterhalt verlangen, solange und soweit er nach der Scheidung keine angemessene Erwerbstätigkeit zu finden vermag. Entsprechendes gilt, wenn seine Einkünfte aus einer angemessenen Erwerbstätigkeit zum vollen Unterhalt nicht ausreichen; in diesem Fall kann er den Unterschiedsbetrag zwischen seinen Einkünften und dem vollen Unterhalt verlangen.

Unterhalt wegen Wegfall einer nicht nachhaltig gesicherten Erwerbstätigkeit

Der geschiedene Ehepartner kann auch dann Unterhalt verlangen, wenn die Einkünfte aus einer angemessenen Erwerbstätigkeit wegfallen, weil es ihm trotz seiner Bemühungen nicht gelungen war, den Unterhalt durch die Erwerbstätigkeit nach der Scheidung nachhaltig zu sichern.

Unterhalt zur Ausbildung, Fortbildung oder Umschulung

Wenn der geschiedene Ehepartner in Erwartung der Ehe oder während der Ehe eine Schul- oder Berufsausbildung nicht aufgenommen oder abgebrochen hat, kann er vom anderen Ehepartner Unterhalt verlangen, wenn er diese oder eine entsprechende Ausbildung sobald wie möglich aufnimmt, um eine angemessene Erwerbstätigkeit, die den Unterhalt nachhaltig sichert, zu erlangen und der erfolgreiche Abschluss der Ausbildung zu erwarten ist. Durch den Unterhaltsanspruch sollen ehebedingte Nachteile durch versäumte Ausbildungsmöglichkeiten ausgeglichen werden.

8.3.2 Bedürftigkeit des Unterhaltsberechtigten

Der geschiedene Ehepartner kann den Unterhalt nur verlangen, wenn er bedürftig ist. Das ist nicht der Fall, solange und soweit er sich aus seinen eigenen Einkünften und seinem Vermögen selbst unterhalten kann. Das Maß des Unterhalts bestimmt sich nach den ehelichen Lebensverhältnissen und umfasst den gesamten, sich daraus ergebenden Lebensbedarf. Der danach zu bemessende Bedarf bildet den Maßstab für seine Bedürftigkeit. Anspruch auf Unterhalt besteht demnach nicht, wenn und solange seine Einkünfte und sein für den laufenden Lebensbedarf einzusetzendes Vermögen diesen Betrag zumindest erreichen. Eine Bedürftigkeit ist also nur dann gegeben, wenn der geschiedene Ehepartner mit seinem in der Ehe angelegten und nicht angelegten Einkommen und durch Verwertung seines Vermögens den ihm zustehenden vollen Unterhalt nicht erreicht.

Verfügt der geschiedene Ehepartner über eigene Erwerbseinkünfte, vermindern diese seine Unterhaltsbedürftigkeit. Ein in ausreichender Höhe nachhaltig gesichertes Einkommen lässt den Unterhaltsanspruch dauerhaft entfallen.

Grundsätzlich muss der geschiedene Ehepartner auch seinen Vermögensstamm verbrauchen, bevor er den anderen Ehepartner in Anspruch nimmt. Alle Vermögenswerte sollen also in der Regel dazu dienen, ergänzend zu den Einkünften den Unterhaltsbedarf auf Lebenszeit zu sichern. Ausnahmsweise braucht das Vermögen nicht verwertet werden, wenn dies unwirtschaftlich oder unter Berücksichtigung der beiderseitigen wirtschaftlichen Verhältnisse unbillig wäre. Unwirtschaftlich ist der Vermögensverbrauch dann, wenn er mit einem unvertretbaren wirtschaftlichen Nachteil verbunden wäre, wenn also beispielsweise der zu erwartende Verkaufserlös in keinem angemessenen Verhältnis zum Wert der Sache für den Bedürftigen steht.

8.3.3 Höhe des nachehelichen Unterhalts

Die Höhe des Unterhalts eines geschiedenen Ehepartners bestimmt sich nach den ehelichen Lebensverhältnissen und umfasst den gesamten, sich daraus ergebenden Lebensbedarf. Das gilt sowohl für die Zeit des Getrenntlebens als auch für die Zeit nach der rechtskräftigen Scheidung der Ehe.

8.3.4 Leistungsfähigkeit des geschiedenen Ehepartners

Leistungsfähigkeit des Unterhaltspflichtigen bedeutet, dass dieser in der Lage ist, den Unterhaltsbedarf des anderen Ehepartners zu zahlen. Nachehelichen Unterhalt muss der Ex-Ehepartner nur leisten, wenn sein eigener Unterhalt gesichert ist. Ein bestimmter Betrag, der sogenannte Selbstbehalt, verbleibt dem Pflichtigen für seinen eigenen Lebensbedarf. Nur den übrigen Teil muss er für die Unterhaltsverpflichtung verwenden. Reicht die Verteilungsmasse nicht aus, liegt ein sogenannter Mangelfall vor.

Die Leistungsfähigkeit des Unterhaltspflichtigen bestimmt sich nach seinem Einkommen und Vermögen sowie seiner Erwerbsfähigkeit.

Achtung: Im Rahmen seiner Unterhaltspflicht hat der Unterhaltsverpflichtete alle Möglichkeiten zur Erzielung von Einkünften durch Einsatz der eigenen Arbeitskraft auszunutzen. Die Erfüllung dieser sogenannten Erwerbsobliegenheit soll am Ende gewährleisten, dass die Einkünfte des Unterhaltsverpflichteten ausreichen, um seinen Zahlungsverpflichtungen in angemessener Weise nachzukommen. Die Erwerbsobliegenheit muss durch ernsthaftes Bemühen um Arbeit (z.B. Meldung bei der Arbeitsagentur, Bewerbungen usw.) erfüllt werden. Kommt der Verpflichtete seiner Erwerbsobliegenheit nicht nach, wird ein auf der Grundlage der persönlichen Erwerbsbiografie und der beruflichen Qualifikation auf dem Arbeitsmarkt erzielbares fiktives Einkommen angesetzt. Bei ungelernten Arbeitnehmern wird sich das Einkommen in der Regel am gesetzlichen Mindestlohn orientieren.

Die Leistungsfähigkeit des Unterhaltsverpflichteten wird durch den sogenannten Selbstbehalt begrenzt. Keine Leistungsfähigkeit besteht, wenn der eigene angemessene Unterhalt gefährdet ist, das heißt, wenn der monatliche Eigenbedarf unterschritten wird. Dabei ist das gesamte in der Ehe angelegte und nicht angelegte Einkommen des Unterhaltspflichtigen heranzuziehen.

Aktuell (2024) beträgt dieser sogenannte Selbstbehalt gegenüber dem geschiedenen Ehepartner nach der Düsseldorfer Tabelle im Falle der Erwerbstätigkeit des Unterhaltspflichtigen 1.600,– € monatlich. Ist der Verpflichtete nicht erwerbstätig, beträgt der monatliche Eigenbedarf 1.475,– €. In diesen Selbstbehaltsbeträgen sind jeweils bis 580,– € für Unterkunft einschließlich umlagefähiger Nebenkosten und Heizung (Warmmiete) enthalten. Der Eigenbedarf soll erhöht werden, wenn die Wohnkosten (Warmmiete) 580,– € übersteigen und nicht unangemessen sind.

8.3.5 Ende des Unterhaltsanspruchs

Die Unterhaltspflicht endet, wenn der Bedarf des Unterhaltsberechtigten wegfällt. Ferner endet der Unterhaltsanspruch mit der Wiederheirat oder dem Tod des Berechtigten.

8.4 Auswirkungen der Scheidung auf das elterliche Sorgerecht

Das elterliche Sorgerecht verpflichtet und berechtigt die Eltern, Entscheidungen für das Kind zu treffen. Dabei beinhaltet das Sorgerecht sowohl die Sorge für die Person des Kindes als auch für dessen Vermögen, ferner das Recht, das Kind zu vertreten (vgl. dazu 3.1).

Eltern, die bei der Geburt des Kindes miteinander verheiratet sind, steht das Sorgerecht gemeinsam zu. Sind die Eltern bei der Geburt des Kindes nicht miteinander verheiratet, hat die Mutter für das Kind die alleinige elterliche Sorge. Den nicht verheirateten Eltern steht die elterliche Sorge jedoch dann gemeinsam zu, wenn sie später geheiratet haben oder eine sogenannte Sorgerechtserklärung abgegeben haben. Mit der Sorgerechtserklärung bringen die Eltern zum Ausdruck, dass sie die elterliche Sorge gemeinsam ausüben wollen. Wegen der Einzelheiten vgl. 3.2.

Achtung: Durch die Scheidung ändert sich auch in der Patchworkfamilie am gemeinsamen Sorgerecht der Eltern grundsätzlich nichts, wohl aber, wenn einem Stiefelternteil nur das »kleine Sorgerecht« zusteht.

8.4.1 Gemeinsames Sorgerecht der Eltern

Wenn die Eltern gemeinsam Inhaber des Sorgerechts sind, besteht die gemeinsame Sorge grundsätzlich auch im Fall der Trennung und Scheidung fort. In diesem Fall entscheidet der Elternteil, bei dem sich das Kind mit Einwilligung des anderen Elternteils oder aufgrund einer gerichtlichen Entscheidung aufhält, allein über Angelegenheiten des täglichen Lebens. In Angelegenheiten, deren Regelung für das Kind von erheblicher Bedeutung sind, ist dagegen das gegenseitige Einvernehmen beider Elternteile notwendig.

Fortbestehen des gemeinsamen Sorgerechts

Lebt ein Ehepaar mit einem oder mehreren minderjährigen Kindern nicht nur vorübergehend getrennt, hat dies auf die gemeinsame Ausübung des elterlichen Sorgerechts grundsätzlich keine Auswirkungen. Die Eltern sind nach wie vor für das Wohl des Kindes verantwortlich.

Nur in Ausnahmefällen darf das Familiengericht von Amts wegen in die Personen- und Vermögenssorge der getrennt lebenden Eltern eingreifen. So hat das Familiengericht Schutzmaßnahmen zu treffen, wenn das körperliche, geistige oder seelische Wohl des Kindes oder sein Vermögen gefährdet wird und die Eltern nicht bereit oder in der Lage sind, die Gefahr abzuwenden. Gerichtliche Eingriffe in die Personensorge setzen also eine Gefährdung des Kindeswohls, Eingriffe in die Vermögenssorge (nur) eine Gefährdung des Kindesvermögens voraus.

Eine Gefährdung des Kindeswohls liegt bei einer unzureichenden Versorgung des Kindes, Verletzung der Schulpflicht oder Gewalt durch die Eltern, nicht aber bei Versorgung des Kindes durch Dritte während der Arbeitszeit der Mutter vor. Mit der Vermögenssorge verbundene Pflichten werden verletzt, wenn Vermögenseinkünfte des Kindes pflichtwidrig verwendet werden oder das Vermögen mit einem übermäßigen Risiko angelegt wird.

Die Eltern müssen die gemeinsame Sorge in gegenseitigem Einvernehmen zum Wohl des Kindes ausüben. Bei Meinungsverschiedenheiten müssen sie versuchen, sich zu einigen. Für den Fall, dass die Eltern, die gemeinsam das Sorgerecht ausüben, getrennt leben, enthält das Gesetz zur Vermeidung von Konflikten Regelungen, wie das Sorgerecht auszuüben ist. Dabei wird zwischen Angelegenheiten von erheblicher Bedeutung, Angelegenheiten des täglichen Lebens und Angelegenheiten der tatsächlichen Betreuung unterschieden.

- **Gemeinsame Entscheidungen in Angelegenheiten von erheblicher Bedeutung:** Bei Entscheidungen in Angelegenheiten, deren Regelung für das Kind von erheblicher Bedeutung ist, ist das gegenseitige Einvernehmen der Eltern erforderlich. Das betrifft sowohl die Personen- als auch die Vermögenssorge. Zu den Angelegenheiten von erheblicher Bedeutung für das Kind gehören beispielsweise Entscheidungen über die Verwendung des Vermögens des Kindes (z.B. die Eröffnung eines Sparbuchs), die schulische und berufliche Ausbildung des Kindes (z.B. Wahl der Schulart sowie der konkreten Schule, Wahl von Fächern und

Leistungskursen), medizinische Eingriffe und ob und wogegen das Kind geimpft werden soll. Können sich die Eltern in Fragen von erheblicher Bedeutung für das Kind nicht einigen, kann das Familiengericht die Entscheidung einem Elternteil übertragen.

- **Alleinentscheidungsbefugnis in Angelegenheiten des täglichen Lebens:** Der Elternteil, bei dem sich das Kind gewöhnlich aufhält, hat die Befugnis zur alleinigen Entscheidung in Angelegenheiten des täglichen Lebens. Dabei handelt es sich in der Regel um solche Angelegenheiten, die häufig vorkommen und die keine schwer abzuändernden Auswirkungen auf die Entwicklung des Kindes haben. Zu den Angelegenheiten des täglichen Lebens gehören etwa Arztbesuche, die medizinische Behandlung bei leichteren Krankheiten, die Organisation des täglichen Lebens und der Freizeitgestaltung des Kindes.
- **Alleinentscheidungsbefugnis in Angelegenheiten der tatsächlichen Betreuung:** Hält sich das Kind bei dem anderen Elternteil auf, hat dieser die Befugnis zur alleinigen Entscheidung in Angelegenheiten der tatsächlichen Betreuung. Die Entscheidungsbefugnis bezieht sich beispielsweise auf Fragen der Ernährung, des Fernsehkonsums und der Schlafenszeit.

Übertragung der Alleinsorge an einen Elternteil

Steht den Eltern das Sorgerecht gemeinsam zu und leben sie nicht nur vorübergehend getrennt, so kann das Familiengericht unter bestimmten Voraussetzungen die elterliche Sorge oder einen Teil der elterlichen Sorge einem Elternteil allein übertragen. Die Übertragung der Alleinsorge muss von einem Elternteil beim Familiengericht beantragt werden. Ein Elternteil kann die Übertragung der elterlichen Sorge nur auf sich, nicht dagegen auf den anderen Elternteil beantragen.

Dem Antrag eines Elternteils auf Übertragung der alleinigen elterlichen Sorge hat das Familiengericht stattzugeben, soweit der andere Elternteil zustimmt, es sei denn, dass das Kind das 14. Lebensjahr vollendet hat und der Übertragung widerspricht, oder zu erwarten ist, dass die Aufhebung der gemeinsamen Sorge und die Übertragung auf einen Elternteil dem Wohl des Kindes am besten entspricht.

8.4.2 »Kleines Sorgerecht« des Stiefelternteils

Steht dem Ehepartner das alleinige Sorgerecht für sein Kind zu, hat der Stiefelternteil das Recht, in Alltagsangelegenheiten des Kindes mitzuentscheiden. Der Stiefelternteil darf seine Mitentscheidungsbefugnisse allerdings nur im Einvernehmen mit dem sorgeberechtigten Elternteil ausüben (vgl. dazu 3.2.3).

Das »kleine Sorgerecht« des Stiefelternteils setzt voraus, dass die Partner der Patchworkfamilie miteinander verheiratet sind. Mithin endet es mit der Scheidung und bereits vorher, wenn die Ehepartner nicht nur vorübergehend getrennt leben.

8.5 Auswirkungen der Scheidung auf das elterliche Umgangsrecht

Durch das Umgangsrecht soll der Kontakt des Kindes zu den Personen gewährleistet werden, die ihm besonders nahestehen. Insbesondere im Falle einer Trennung und Scheidung soll der Kontakt des Kindes mit beiden Elternteilen aufrechterhalten und gefördert werden. Denn dies dient im Normalfall dem Wohl des Kindes.

Ohne weitere Voraussetzungen hat das Kind ein Recht auf Umgang mit jedem Elternteil. Keine Rolle spielt, ob die Eltern getrennt leben oder geschieden sind. Keine Bedeutung hat auch, ob dem Elternteil das Sorgerecht zusteht. Unter Umständen steht auch dem Stiefelternteil ein Umgangsrecht mit dem Kind zu.

8.5.1 Inhalt

Das Umgangsrecht soll dem umgangsberechtigten Elternteil ermöglichen, sich vom körperlichen und geistigen Empfinden des Kindes und seiner Entwicklung fortlaufend zu überzeugen, die Beziehungen zu dem Kind aufrechtzuerhalten und einer Entfremdung vorzubeugen. Der Umgangsberechtigte soll an der Betreuung, Versorgung und Erziehung des Kindes teilnehmen können. Das Umgangsrecht dient grundsätzlich dem Wohl des Kindes, wenn neben der Bindung an den sorgenden Elternteil auch die Beziehung zum anderen Elternteil aufrechterhalten wird.

Das Umgangsrecht des Elternteils beinhaltet das Recht zum persönlichen Kontakt und alle Formen der Kommunikation mit dem Kind. Es erstreckt sich also auf Besuche und Treffen, ferner auf briefliche, telefonische und elektronische Kontakte wie SMS oder E-Mail. Umgang mit dem Kind bedeutet auch, dass der nicht betreuende Elternteil dem Kind Geschenke machen und sich über die persönlichen Verhältnisse des Kindes informieren darf.

8.5.2 Umgangsrecht als Recht des Kindes und als Recht und Pflicht der Eltern

Das Kind hat das Recht auf Umgang mit jedem Elternteil. Jedem Elternteil muss damit bewusst sein, dass es nicht in sein Belieben gestellt ist, sich um das Kind zu kümmern, sondern dass das Kind ein Recht auf Umgang hat.

Für den umgangsberechtigten Elternteil besteht gleichzeitig eine Umgangspflicht. Verweigert er den Umgang, kann er allerdings nicht dazu gezwungen werden – auch nicht mit einem Ordnungsgeld. Jedem Elternteil, der nicht mit dem Kind zusammenlebt, steht das Umgangsrecht zu. Keine Bedeutung hat, ob die Eltern zusammen oder getrennt leben oder ob sie geschieden sind.

8.5.3 Wohlverhaltenspflicht der Eltern

Von getrennt lebenden oder geschiedenen Eltern wird verlangt, alles zu unterlassen, was das Verhältnis zum anderen Elternteil beeinträchtigt oder die Erziehung erschwert. Das betrifft zum einen den Umgangsberechtigten, der etwa eigenmächtige Kontakte außerhalb geregelter Zeiten zu unterlassen hat, zum anderen aber auch den betreuenden Elternteil, der verpflichtet ist, eventuelle Widerstände des Kindes gegen den Umgang mit dem anderen Elternteil abzubauen und eine positive Einstellung zum Umgang zu fördern.

Verletzen die Eltern ihre Wohlverhaltenspflicht, müssen sie mit Sanktionen rechnen. Fortlaufende und schwerwiegende Verstöße können im äußersten Fall die Änderung des Sorgerechts durch das Familiengericht zur Folge haben. Als milderes Mittel kann das Gericht den Unterhalt des betreuenden Elternteils herabsetzen oder die Umgangsbefugnis des umgangsberechtigten Elternteils beschränken.

8.5.4 Vereinbarungen der Eltern

Umgangsregelungen sind in erster Linie Angelegenheit der Eltern. Sie entscheiden, wie sie die Pflege und Erziehung des Kindes gestalten. Eine gerichtliche Regelung des Umgangsrechts kommt nur in Betracht, wenn sich die Eltern über den Umgang mit dem Kind nicht entscheiden können oder wenn dies zum Wohl des Kindes erforderlich ist.

Die Eltern können untereinander insbesondere vereinbaren, wann, wie oft, wie lange und wo der Umgang stattfinden soll. Geregelt werden kann auch, wer das Kind abholt oder bringt und wer die Kosten des Transports trägt.

8.5.5 Regelungsbefugnis des Familiengerichts

Können sich die Eltern über den Umgang nicht einigen, muss das Familiengericht angerufen werden. Dann muss das Gericht eine Regelung finden, die sowohl die Interessen beider Elternteile als auch das Wohl des Kindes berücksichtigt. Zu berücksichtigende Umstände sind in diesem Zusammenhang unter anderem die Belastbarkeit des Kindes, die Interessen und Bindungen des Kindes, das Alter und der Entwicklungszustand des Kindes und die Wohnsituation des Umgangsberechtigten.

Das Gericht legt fest, wann und wie das Kind mit dem nicht betreuenden Elternteil zusammenkommt. Unter anderem werden Regelungen über den Ort, die Häufigkeit und Dauer des Umgangs, Übernachtungen, für Fest-, Feiertage und Geburtstage getroffen.

8.5.6 Ausschluss oder Beschränkung des Umgangsrechts durch das Familiengericht

Nur wenn es zum Wohl des Kindes erforderlich ist, kann das Gericht das Umgangsrecht einschränken oder ausschließen. Dies kann für längere Zeit oder auf Dauer geschehen, wenn anderenfalls das Kindeswohl gefährdet wäre.

8.5.7 Umgangsrecht des Stiefelternteils

Ein Umgangsrecht kann auch anderen Personen als den Eltern des Kindes zustehen. Für diesen Personenkreis besteht allerdings keine Umgangspflicht.

Neben Großeltern und Geschwistern haben auch enge Bezugspersonen des Kindes ein Recht auf Umgang mit dem Kind, wenn dieser dem Wohl des Kindes dient. Zu den engen Bezugspersonen gehört auch der Stiefelternteil des Kindes, wenn er für das Kind tatsächliche Verantwortung getragen hat. Von einer entsprechenden sozialfamiliären Beziehung ist auszugehen, wenn jemand längere Zeit mit dem Kind in häuslicher Gemeinschaft gelebt hat. Entscheidend ist weniger eine bestimmte zeitliche Dauer als vielmehr, dass das Kind zum Stiefelternteil eine nachhaltige Beziehung aufgebaut hat. Es muss mithin eine tatsächliche Lebens- und Erziehungsgemeinschaft bestanden haben, welche die Qualität einer Familie erreicht hat. Dabei genügt regelmäßig ein einjähriges Zusammenleben. Notwendig sind allerdings feste und regelmäßige Kontakte. Bloße Wochenendkontakte sind nicht ausreichend.

8.6 Zugewinnausgleich

Ehepartner, die nicht vor oder nach der Eheschließung durch einen notariell beurkundeten Ehevertrag etwas anderes vereinbart haben, leben im gesetzlichen Güterstand der Zugewinngemeinschaft. Dieser Güterstand sieht für den Fall der Ehescheidung unter den Ehepartnern einen Ausgleich des von ihnen während der Ehe erzielten Zugewinns vor. Dieser Zugewinnausgleich soll gewährleisten, dass der Vermögenszuwachs, den die Ehepartner während der Ehe erzielt haben, grundsätzlich zwischen ihnen ausgeglichen wird. Dem liegt letztlich der Gedanke zugrunde, dass der von jedem Ehepartner erzielte Zugewinn auf einer gemeinsamen und gleichwertigen Lebensleistung beruht und deshalb jeder Ehepartner bei der Beendigung des Güterstands auch gleich viel davon erhalten soll. Keine Bedeutung hat also, in wessen Vermögenssphäre der Zugewinn – mehr oder weniger – eingetreten ist.

8.6.1 Anfangsvermögen

Anfangsvermögen ist das Vermögen, das einem Ehepartner nach Abzug der Verbindlichkeiten beim Eintritt des Güterstands gehört. Bestimmtes, sogenanntes privilegiertes Vermögen wird allerdings dem Zugewinnausgleich entzogen.

Differenz zwischen Aktiva und Passiva

Das Anfangsvermögen ergibt sich aus der Differenz zwischen Aktiva und Passiva.

- Zu den Aktiva zählen alle rechtlich geschützten Positionen von wirtschaftlichem Wert, also unter anderem Grundstücke, Eigentumswohnungen, Gesellschaftsanteile, Wertpapiere, Schmuck, Sparguthaben, Lebensversicherungen und Kraftfahrzeuge. Nicht zum Anfangsvermögen zählen beispielsweise Einkünfte jeder Art, wenn sie zur Deckung des laufenden Lebensbedarfs beitragen, Geschenke und Zuwendungen, die sich Ehepartner gegenseitig machen, Lottogewinne und Schmerzensgeld. Diese Vermögenszuwächse werden beim Endvermögen berücksichtigt und sind deshalb grundsätzlich als Zugewinn auszugleichen.

- Von den Aktiva sind die Verbindlichkeiten abzuziehen. Mithin ist das Nettovermögen jedes Ehepartners zu ermitteln. Zu den Verbindlichkeiten gehören unter anderem Bankverbindlichkeiten, Verbindlichkeiten gegenüber dem anderen Ehepartner, Mietkautionsrückstände und Mietrückstände. Verbindlichkeiten können über die Höhe des Vermögens hinaus abgezogen werden. So kann auch negatives Anfangsvermögen bestehen.

Stichtag für die Bewertung des Anfangsvermögens ist der Eintritt des gesetzlichen Güterstands. Regelmäßig ist das der Zeitpunkt der Eheschließung. Haben die Ehepartner zunächst den gesetzlichen Güterstand durch Ehevertrag ausgeschlossen, durch Ehevertrag später aber wieder die Zugewinngemeinschaft vereinbart, so gilt dieser Zeitpunkt als Stichtag.

Privilegierter Vermögenserwerb

Ziel des Zugewinnausgleichs ist es nicht, das gesamte Vermögen der Ehepartner aufzuteilen. Es sollen vielmehr solche Vermögenserwerbe nicht in den Vermögensausgleich einbezogen werden, die typischerweise auf persönlichen Beziehungen des erwerbenden Ehepartners zum Zuwendenden oder auf ähnlichen besonderen Umständen beruhen. Deshalb wird Vermögen, das ein Ehepartner nach Eintritt des Güterstands von Todes wegen oder mit Rücksicht auf ein künftiges Erbrecht, durch Schenkung oder als Ausstattung erwirbt, nicht dem Zugewinnausgleich unterworfen. Erreicht wird dies dadurch, dass der betreffende Vermögenswert dem Anfangsvermögen hinzugerechnet wird.

- Als Erwerbe von Todes wegen kommen insbesondere Erbschaften, Schenkungen, Pflichtteilsansprüche und Zuwendungen im Wege der vorweggenommenen Erbfolge in Betracht.

- Bei Schenkungen handelt es sich um unentgeltliche Zuwendungen an einen Ehepartner. Darunter können grundsätzlich einmalige oder mehrmalige Zuwendungen fallen. Arbeitsleistungen fallen nicht darunter, ebenso freiwillige Leistungen des Arbeitgebers.

Achtung: Der Vermögensgegenstand fällt nur mit dem Wert, den er zum Zeitpunkt des Erwerbs hatte, in das Anfangsvermögen. Spätere Wertsteigerungen dieses Vermögens (z.B. Wertsteigerung eines Grundstücks oder eines Wertpapierdepots) unterliegen dagegen dem Zugewinn.

8.6.2 Endvermögen

Endvermögen ist das Vermögen, das dem Ehepartner nach Abzug der Verbindlichkeiten bei der Beendigung des Güterstands gehört.

Feststellung des Endvermögens

Stichtag ist der Tag, an dem der Scheidungsantrag dem anderen Ehepartner zugestellt wird. Wie beim Anfangsvermögen zählen zu den Aktiva alle rechtlich geschützten Positionen von wirtschaftlichem Wert, und zwar nicht nur des Anfangsvermögens, sondern auch des privilegierten Vermögenserwerbs.

Von den Aktiva sind die Verbindlichkeiten abzuziehen. Mithin ist das Nettoendvermögen jedes Ehepartners zu ermitteln. Haften die Ehepartner für Verbindlichkeiten gemeinschaftlich als Gesamtschuldner, so sind die Verbindlichkeiten jeweils entsprechend der internen Haftungsquote abzuziehen.

Achtung: Haben die Eheleute gemeinsames Vermögen (z.B. eine Immobilie oder ein Wertpapierdepot), sind beide in der Regel hälftige Miteigentümer bzw. gleichberechtigte Mitinhaber. In diesem Fall wird – wenn zwischen den Ehepartnern nichts anderes vereinbart ist – jeweils die Hälfte davon dem jeweiligen Endvermögen zugeschlagen.

Wertermittlung

Für die Bewertung des jeweiligen Vermögensgegenstands stehen unterschiedliche Bewertungsarten zur Verfügung. Über die Art und Weise der Bewertung eines Vermögensgegenstands entscheidet das Gericht, soweit diese nicht vom Gesetz festgelegt ist. Maßgebend ist grundsätzlich der sogenannte Verkehrswert, also der Wert, der sich bei einer Veräußerung des Gegenstands zum Stichtag ergeben würde. Verbindlichkeiten sind grundsätzlich mit dem Nennwert am Stichtag anzusetzen.

- Immobilien und Eigentumswohnungen werden grundsätzlich mit ihrem Verkehrswert, also mit ihrem hypothetischen Verkaufswert angesetzt.
- Kraftfahrzeuge werden mit den Wiederbeschaffungskosten eines gleichwertigen Gebrauchtwagens bewertet.
- Lebensversicherungen werden, soweit sie im Zugewinn überhaupt zu berücksichtigen sind, mit ihrem Kapitalwert zum Stichtag bewertet, der sich aus den bis dahin eingezahlten Prämien und etwaigen Gewinnanteilen ergibt.
- Wertpapiere werden mit dem Veräußerungswert (amtlicher Kurs der nächstgelegenen Börse) angesetzt.
- Hausrat und persönliche Gegenstände werden, soweit sie unter das Güterrecht fallen, mit ihrem Marktwert angesetzt.

8.6.3 Zugewinn und Ausgleichsanspruch

Wenn für beide Ehepartner die Differenz zwischen dem Anfangs- und dem Endvermögen festgestellt worden ist und der jeweilige Zugewinn feststeht, kann der Ausgleichsbetrag ermittelt werden.

Im Rahmen des Zugewinnausgleichs bei der Scheidung steht demjenigen Ehepartner eine Ausgleichsforderung zu, der den niedrigeren Zugewinn in der Ehe erzielt hat. Grundsätzlich besteht der Anspruch in einem Geldbetrag.

Übersteigt der Zugewinn des einen Ehepartners den Zugewinn des anderen, so steht die Hälfte des Überschusses dem anderen Ehepartner als Ausgleichsforderung zu.

Anja Schmid hatte bei der Eheschließung ein Vermögen von 5.000,– €, ihr Ehemann Ingo hatte kein Vermögen. Bei Rechtshängigkeit des Scheidungsantrags hat Anja ein Vermögen von 25.000,– €, Ingo von 60.000,– €. Anja hat einen Zugewinn von 20.000,– € (25.000,– € ./. 5.000,– €), Ingo von 60.000,– € erzielt. Der Zugewinn von Ingo übersteigt den der Ehefrau um 40.000,– € (60.000,– € ./. 20.000,– €). Hiervon die Hälfte, also 20.000,– €, ergibt die Zugewinnausgleichsforderung der Ehefrau gegenüber dem Ehemann.

8.6.4 Vereinbarungen über den Zugewinnausgleich

Die Regelung des Zugewinnausgleichs unter den Ehepartnern muss nicht zwangsläufig dem Familiengericht überlassen werden. Das Gesetz erlaubt den Ehepartnern ausdrücklich, ihre güterrechtlichen Verhältnisse durch Vertrag zu regeln. In diesem Zusammenhang können sie nicht nur den gesetzlichen Güterstand der Zugewinngemeinschaft aufheben und einen anderen Güterstand vereinbaren (z.B. Gütertrennung), sie können die Durchführung des Zugewinnausgleichs auch einvernehmlich durch eine entsprechende Vereinbarung regeln.

Gestaltungsmöglichkeiten

Gegenstand einer Vereinbarung können insbesondere sein

- die grundsätzliche Verpflichtung zur Zahlung eines Zugewinnausgleichs,
- der Erlass der Zugewinnausgleichsforderung,
- die Zuordnung bestimmter Vermögensgegenstände zum Anfangsvermögen,
- Regelungen, die sich auf den Bestand, die Höhe und Fälligkeit der Zugewinnausgleichsforderung beziehen,
- eine andere Quote des Zugewinnausgleichs,
- die Herausnahme einzelner Vermögensgegenstände aus dem Zugewinnausgleich,
- die vom Gesetz abweichende Bestimmung des Berechnungszeitpunkts,
- die Festlegung anderer als der vom Gesetz festgelegten Bewertungsmaßstäbe,
- Regelungen über die Art der Ausgleichszahlungen (Geld- oder Sachleistungen), Fälligkeit, Stundung, Sicherheitsleistung.

Auch der Verzicht auf die Geltendmachung von Zugewinnausgleichsansprüchen ist möglich. So kommt insbesondere der wechselseitige Verzicht in Betracht, wenn das beiderseitige Vermögen nicht wesentlich voneinander abweicht.

Form

Vereinbarungen der Ehepartner zur Regelung des Zugewinnausgleichs für den Fall der Ehescheidung bedürfen der notariellen Beurkundung. Wird diese Form nicht beachtet, ist die Vereinbarung unwirksam und der Ehepartner kann noch bis drei Jahre nach der Rechtskraft der Ehescheidung den Zugewinnausgleichsanspruch geltend machen.

Die notarielle Beurkundung kann ersetzt werden durch einen vor dem Gericht unter Einhaltung aller Verfahrensvorschriften protokollierten Vergleich.

8.7 Versorgungsausgleich

Neben dem Zugewinnausgleich erstreckt sich die vermögensrechtliche Auseinandersetzung auch auf den sogenannten Versorgungsausgleich, den das Familiengericht grundsätzlich von Amts wegen durchführt, wenn die Eheleute nichts anderes vereinbart haben. Dieser Form des Vermögensausgleichs liegt der Gedanke zugrunde, dass Anrechte auf eine Alters- oder Invaliditätsversorgung, welche die Eheleute während der Ehe erworben haben, das Ergebnis ihrer gemeinsamen partnerschaftlichen Lebensleistung sind. Die Anrechte sind von vornherein zur Versorgung beider Eheleute bestimmt. Wird eine Ehe geschieden, so werden grundsätzlich alle in der Ehezeit erworbenen Anrechte im Versorgungsausgleich geteilt.

8.7.1 Grundprinzip

Ziel des Versorgungsausgleichs ist es, dem Partner, der während der Ehe geringere Versorgungsanrechte erworben hat (z.B. weil er wegen der Erziehung der Kinder nur stundenweise gearbeitet hat), eine eigene, von dem anderen Ehepartner unabhängige Versorgung zu schaffen oder eine bereits bestehende Versorgung zu erhöhen. Leistungen der Ehepartner im Beruf, bei der Kinderbetreuung und im Rahmen der Haushaltsführung werden als gleichwertige Beiträge angesehen. Deshalb werden wie beim Zugewinnausgleich gemäß dem Halbteilungsgrundsatz die während der Ehe erworbenen Anrechte auf eine zukünftige Versorgung jeweils zur Hälfte zwischen den Ehepartnern geteilt, sodass jeder Partner eine eigenständige Absicherung für den Fall des Alters und der Invalidität erhält.

Während ein Zugewinnausgleich nur bei Ehepartnern in Betracht kommt, die im gesetzlichen Güterstand der Zugewinngemeinschaft leben, ist der Versorgungsausgleich unabhängig davon durchzuführen, in welchem Güterstand die Ehepartner leben. Ein Versorgungsausgleich findet also auch dann statt, wenn Gütertrennung besteht.

Der Versorgungsausgleich wird nicht wie der Zugewinnausgleich durch eine Zahlung, sondern grundsätzlich durch einen Wertausgleich in Form der Übertragung von Anrechten oder durch die Begründung eigenständiger Anrechte durchgeführt. Unter Umständen kann der Versorgungsausgleich durch Zahlung einer schuldrechtlichen Ausgleichsrente erfolgen (sog. schuldrechtlicher Wertausgleich).

Achtung: In bestimmten Fällen ist ein Versorgungsausgleich bei der Ehescheidung bzw. der Ausgleich einzelner Anrechte ausgeschlossen. Grundsätzlich wird der Versorgungsausgleich vom Familiengericht von Amts wegen durchgeführt. Bei einer Ehezeit von bis zu drei Jahren findet ein Versorgungsausgleich allerdings nur statt, wenn ein Ehepartner dies beantragt. Das Familiengericht soll nicht ausgleichen, wenn beide Partner Anrechte gleicher Art haben (z.B. Anrechte bei der gesetzlichen Rentenversicherung) und die Differenz ihrer Ausgleichswerte nach der gesetzlich definierten Wertgrenze gering ist.

8.7.2 Auszugleichende Anrechte

Ausgleichspflichtig sind im Rahmen des Versorgungsausgleichs sogenannte Anrechte. Es werden nur Versorgungen ausgeglichen, die in der Ehezeit erworben wurden.

Zu den im Rahmen des Versorgungsausgleichs ausgleichspflichtigen Anrechten gehören alle Versorgungen, die ein Ehepartner während der Ehe durch Berufstätigkeit oder durch Vermögen erworben oder aufrechterhalten hat. Dazu zählen insbesondere

- Renten oder Rentenanwartschaften aus der gesetzlichen Rentenversicherung,
- Versorgungen oder Versorgungsanwartschaften aus einem Beamtenverhältnis,
- Renten oder Anwartschaften von berufsständischen Versorgungseinrichtungen (z.B. für Ärzte, Rechtsanwälte) und der Alterssicherung für Landwirte,
- Versorgungsanrechte aus der betrieblichen Altersversorgung nach dem Betriebsrentengesetz, unabhängig von ihrer Leistungsform, beispielsweise in Form der Direktzusage gegenüber dem Arbeitgeber, Unterstützungskassen, Pensionskassen oder Pensionsfonds,
- Riester- und Rürup-Renten und weitere Anrechte nach dem Altersvorsorgeverträge-Zertifizierungsgesetz,
- Renten oder Rentenanwartschaften aus einer privaten Versicherung zur Versorgung des Ehepartners (z.B. Versicherungen wegen Berufs-, Erwerbs-, Dienstunfähigkeit oder Invalidität, Lebensversicherungen auf Rentenbasis, nicht aber Kapitallebensversicherungen).

8.7.3 Teilung der Anrechte

Im Regelfall werden die Versorgungsanrechte der Ehepartner im Wege der sogenannten internen Teilung ausgeglichen. In diesem Fall erfolgt der Ausgleich zulasten des ausgleichspflichtigen Ehepartners in Höhe des Ausgleichswerts bei dem Versorgungsträger, bei dem das Anrecht der ausgleichspflichtigen Person besteht. Ziel ist es, dass nach der Teilung beide Ehepartner ein vergleichbares Anrecht von gleichem Wert im selben Versorgungssystem haben.

Durch die interne Teilung erhält der ausgleichsberechtigte Partner eine eigenständige, vom Ausgleichsverpflichteten unabhängige Versorgung, also einen selbstständigen Anspruch gegen den Versorgungsträger, so als hätte er die Versorgung selbst durch Arbeit oder auf andere Weise begründet. Die interne Teilung muss die gleichwertige Teilhabe der Ehepartner an den in der Ehezeit erworbenen Anrechten sicherstellen.

Praktisch durchgeführt wird die interne Teilung durch das Familiengericht, indem es für den Ausgleichsberechtigten ein Anrecht in Höhe des Ausgleichswerts beim Versorgungsträger überträgt, also entweder ein Anrecht unmittelbar begründet oder ein bereits vorhandenes Anrecht aufstockt.

In der gesetzlichen Rentenversicherung erfolgt der Ausgleich, indem dem Ausgleichsberechtigten Entgeltpunkte zugeschlagen werden. In der privaten Rentenversicherung wird meist eine beitragsfreie Versicherung gegen Einmalzahlung begründet. Bei Betriebsrenten erlangt die ausgleichsberechtigte Person (nur) die Stellung eines ausgeschiedenen Arbeitnehmers.

Im Gegenzug bewirkt der interne Ausgleich, dass vom Monat nach dem Wirksamwerden der Entscheidung des Familiengerichts, also nach der Rechtskraft der Scheidung bzw. der Entscheidung über den Versorgungsausgleich, die Rente des Ausgleichspflichtigen gekürzt wird.

Achtung: In Ausnahmefällen erfolgt im Rahmen einer externen Teilung von Versorgungsanrechten der Versorgungsausgleich bei einem anderen Versorgungsträger als demjenigen, bei dem das Anrecht der ausgleichspflichtigen Person besteht. In diesem Fall begründet das Familiengericht für die ausgleichsberechtigte Person zulasten des Anrechts der ausgleichspflichtigen Person ein Anrecht in Höhe des Ausgleichswerts bei einem anderen Versorgungsträger als demjenigen, bei dem das Anrecht der ausgleichspflichtigen Person besteht. Extern auszugleichen sind in erster Linie die Versorgungsrechte der Beamten (aktuell ist nur für Bundesbeamte der interne Ausgleich vorgesehen).

8.7.4 Vereinbarungen zum Versorgungsausgleich

Die Ehepartner haben die Möglichkeit, den von Amts wegen vom Familiengericht durchzuführenden Versorgungsausgleich durch Vereinbarungen mitzugestalten. Solche Vereinbarungen können vor oder nach der Eheschließung und im laufenden Scheidungsverfahren getroffen werden.

Inhalt

Vereinbarungen über die Ausgestaltung des Versorgungsausgleichs sind in vielfältiger Weise möglich. Gegenstand kann der gesamte Versorgungsausgleich sein, es können aber auch nur Teilregelungen getroffen werden. Unter anderem können folgende Vereinbarungen getroffenen werden:

- Der Versorgungsausgleich muss nicht isoliert geregelt werden. Er kann auch in die Regelung der ehelichen Vermögensverhältnisse einbezogen werden. So kann der (teilweise) Verzicht auf Anrechte über andere Vermögenswerte verrechnet werden. Sind beispielsweise die Ehepartner gemeinsam Eigentümer einer Immobilie, kann vereinbart werden, dass ein Ehepartner auf Ausgleichsansprüche im Versorgungsausgleich verzichtet und dafür die Immobilie behält, ohne den Partner auszahlen zu müssen.
- Der Versorgungsausgleich kann ganz oder teilweise ausgeschlossen werden.
- Möglich sind auch Regelungen über Ausgleichsansprüche nach der Scheidung, also über den schuldrechtlichen Versorgungsausgleich.

Form

Eine Vereinbarung über den Versorgungsausgleich, die im Zusammenhang mit einer Ehescheidung getroffen wurde, bedarf der notariellen Beurkundung. Die notarielle Form kann durch einen gerichtlich protokollierten Vergleich ersetzt werden.

8.8 Ehewohnung und Haushaltsgegenstände

Können sich die Ehepartner anlässlich der Scheidung über die Überlassung der Ehewohnung nicht einigen, entscheidet das Familiengericht auf Antrag eines Ehepartners. In diesem Zusammenhang ist von Bedeutung, ob es sich um eine Wohnung in fremdem Eigentum (Mietwohnung) handelt oder ob an der Ehewohnung einer oder beide Ehepartner dinglich berechtigt sind, also einer der Ehepartner allein oder gemeinsam Eigentümer der Ehewohnung sind.

8.8.1 Ehewohnung als Mietwohnung

Ein Ehepartner kann verlangen, dass ihm der andere Ehepartner anlässlich der Scheidung die Ehewohnung überlässt, wenn er auf deren Nutzung unter Berücksichtigung des Wohls der im Haushalt lebenden Kinder und der Lebensverhältnisse der Ehepartner in stärkerem Maße angewiesen ist als der andere Ehepartner oder die Überlassung aus anderen Gründen der Billigkeit entspricht.

- **Wohl der Kinder:** Das Wohl der Kinder ist das wichtigste Kriterium bei der Zuweisung der Ehewohnung an einen Ehepartner. Sie sollen in ihrem sozialen Umfeld bleiben können; deshalb ist die Wohnung eher dem Ehepartner zuzuweisen, bei dem die Kinder ihren Lebensmittelpunkt haben oder haben werden. Das gilt auch für volljährige Kinder, die noch in Ausbildung sind.
- **Individuelle Lebensverhältnisse:** Bei den Lebensverhältnissen der Ehepartner sind die besonderen Umstände des Einzelfalls zu berücksichtigen, insbesondere das Alter, der Gesundheitszustand sowie die Einkommens- und Vermögensverhältnisse.

8.8.2 Ehewohnung im gemeinschaftlichen Eigentum der Ehepartner oder im Alleineigentum eines Ehepartners

Die oben hinsichtlich der Ehewohnung als Mietwohnung genannten Grundsätze gelten auch für den Fall, dass beide Ehepartner gemeinschaftlich Eigentümer der Wohnung sind.

Steht einem Ehepartner das Alleineigentum an der Ehewohnung zu, darf diese nur in Ausnahmefällen dem anderen Ehepartner zugewiesen werden. Es müssen also dringende Gründe für die Wohnungszuweisung vorliegen, um eine unerträglich schwere Belastung für den anderen Ehepartner abzuwenden.

Die Zuweisung der Ehewohnung an den Ehepartner, der nicht Eigentümer ist, kommt in Betracht, wenn er aus beruflichen oder familiären Gründen auf die Wohnung angewiesen ist, er Kinder zu betreuen hat und keine Wohnung finden kann, oder wenn die Wohnung im Hinblick auf eine notwendige Pflege baulich auf diesen Ehepartner zugeschnitten ist.

8.8.3 Rechtsfolgen der Zuweisung der Ehewohnung

Die Überlassung der Wohnung an einen Ehepartner erfolgt entweder in der Form, dass der Ehepartner, dem die Wohnung überlassen wird, in ein bestehendes Mietverhältnis eintritt oder er ein von beiden Ehepartnern eingegangenes Mietverhältnis fortsetzt oder – wenn kein Mietverhältnis besteht – ein solches begründet wird.

9 Trennung nichtehelicher Partner der Patchworkfamilie

Trennen sich Ehepartner der Patchworkfamilie und lassen sie sich scheiden, gibt es klare gesetzliche Regelungen, insbesondere für die Vermögensauseinandersetzung. Für die nichteheliche Lebensgemeinschaft gibt es Derartiges nicht. Schließlich wäre es widersprüchlich, Partnern, die für ihr Zusammenleben bewusst die weitgehende Freiheit von Regeln gewählt haben, im Fall der Trennung Vorschriften zu machen, wie sie diese durchführen sollen.

Gleichwohl gibt es auch unter Partnern einer nichtehelichen Lebensgemeinschaft nicht selten Konflikte, wenn sie sich trennen. Weil aber die entsprechenden Regelungen für Eheleute keine Anwendung finden, muss im Streitfall auf die allgemeinen schuld- und sachenrechtlichen Regelungen zurückgegriffen werden.

9.1 Einvernehmliche Beendigung der Lebensgemeinschaft

Streitigkeiten bei der Trennung kosten die Partner Zeit, Geld und Nerven. Wurden in einem Partnerschaftsvertrag keine Regelungen für den Fall der Beendigung der nichtehelichen Lebensgemeinschaft getroffen (vgl. dazu 2.2.7), ist es sinnvoll, solche Regelungen jetzt zu vereinbaren. Im Rahmen einer Trennungsvereinbarung kann insbesondere auch die soziale Absicherung des schwächeren Partners geregelt werden, wenn dieser durch die Lebensgemeinschaft wirtschaftliche Nachteile erlitten hat.

Checkliste: Was in der Trennungsvereinbarung geregelt werden sollte

- Geregelt werden sollte, welcher Partner das Eigentum an gemeinsam erworbenen Hausrats- und Einrichtungsgegenständen erwirbt und wer im Gegenzug eine Ausgleichszahlung erhält.

- Vereinbart werden sollte, ob und in welchem Umfang Leistungen der Partner während der Lebensgemeinschaft ausgeglichen werden sollen.
- Unter Umständen kann für den wirtschaftlich schwächeren Partner vertraglich ein Unterhaltsanspruch nach Art, Höhe und Dauer festgelegt werden. Eine Unterhaltsregelung ist vor allem dann wichtig, wenn aus der Partnerschaft ein Kind hervorgeht, für dessen Betreuung ein Partner verantwortlich ist.
- Geregelt werden sollte gegebenenfalls auch, wer nach der Trennung für etwaige gemeinsame Schulden aufkommen muss.
- In der Trennungsvereinbarung kann auch geregelt werden, ob wechselseitige Schenkungen im Fall der Trennung zurückgegeben werden müssen.
- Leben die Partner in einer Mietwohnung, sollte geregelt werden, wer aus der Wohnung ausziehen muss, inwieweit ein Anspruch auf anteilige Rückzahlung der Mietkaution besteht und in welchem Umfang der ausziehende Partner für Nachforderungen des Vermieters und für Schönheitsreparaturen haftbar sein soll.

Wenn eine einvernehmliche Trennungsvereinbarung nicht gelingt, sollte auf jeden Fall der Trennungszeitpunkt festgehalten werden. Das kann unter anderem für die Teilung von Guthaben auf einem Gemeinschaftskonto und für das Ende gegenseitiger vertraglicher Verpflichtungen, wenn sie für die Dauer oder zur Verwirklichung der Lebensgemeinschaft eingegangen sind (z.B. die Übernahme der Versicherungsprämie durch einen Partner zur Altersvorsorge für den anderen Partner), von Bedeutung sein. Sinnvoll ist es auch, erteilte Vollmachten (z.B. Bankvollmacht) zu widerrufen und testamentarische Verfügungen zu überprüfen und gegebenenfalls zu ändern.

9.2 Unterhaltsansprüche der getrennten Partner

Eine gesetzliche Unterhaltspflicht zwischen den Partnern einer nichtehelichen Lebensgemeinschaft besteht nicht, auch nicht im Fall der Trennung der Partner. Entsprechende gesetzliche Unterhaltsregelungen, die für die Scheidung von Eheleuten gelten, finden auf nichteheliche Lebensgemeinschaften keine Anwendung. Allerdings können Regelungen über den Unterhalt sowohl für die Zeit des Bestehens der Lebensgemeinschaft als auch für den Fall der Trennung im Rahmen einer entsprechenden Unterhaltsvereinbarung begründet werden. So kann beispielsweise wegen einer bestehenden Einkommensdifferenz einem Partner ein monatlicher Unterhaltsanspruch auch noch befristet für eine bestimmte Zeit nach Beendigung der Lebensgemeinschaft vertraglich eingeräumt werden.

Ausnahmsweise besteht ein gesetzlicher Unterhaltsanspruch der Mutter, wenn aus der Gemeinschaft ein oder mehrere Kinder hervorgegangen sind. Der Anspruch der Mutter besteht für die Dauer von sechs Wochen vor und acht Wochen nach der Geburt des Kindes. Maßgeblich für die Berechnung des Unterhaltsanspruches ist jedoch nicht das »eheprägende« Einkommen, sondern es ist die finanzielle Situation der Mutter vor der Geburt zugrunde zu legen. Ist die Mutter keiner Tätigkeit nachgegangen, besteht nach der Düsseldorfer Tabelle ein Anspruch auf Mindestunterhalt in Höhe von aktuell (2024) monatlich 1.200,– €.

9.3 Auswirkungen der Trennung auf die gemeinsame Wohnung

Gestritten wird unter Partnern einer nichtehelichen Lebensgemeinschaft im Fall der Trennung häufig darüber, wer die gemeinsame Wohnung weiternutzen darf. In diesem Zusammenhang ist zu unterscheiden, ob

- die Partner in einer Mietwohnung leben und Mieter der Wohnung nur ein Partner ist oder beide Partner die Wohnung gemietet haben,
- die Wohnung im Eigentum eines Partners oder beider Partner steht.

Achtung: Die im Fall der Trennung und Scheidung von Eheleuten geltenden gesetzlichen Regelungen (vgl. dazu 8.7) finden auf eine nichteheliche Lebensgemeinschaft keine (analoge) Anwendung.

9.3.1 Partner leben in einer Mietwohnung

Welche Folgen die Trennung hat, wenn die nichtehelichen Lebenspartner in einer Mietwohnung leben, hängt nicht zuletzt davon ab, ob nur einer der Partner die Wohnung gemietet hat oder beide Partner Mieter sind.

Nur ein Partner ist Mieter

Ist nur ein Partner Mieter der gemeinsamen Wohnung der Lebensgemeinschaft, so muss der andere Partner die Wohnung auf dessen Verlangen räumen. Nach der Beendigung der nichtehelichen Lebensgemeinschaft hat der Partner, der nicht Mieter der Wohnung ist, kein eigenständiges Recht zum Besitz. Durch die Aufnahme des Partners in die Wohnung ist regelmäßig auch kein Untermietverhältnis entstanden, sodass der Partner, der nicht Mieter ist, keinen Mieterschutz geltend machen kann.

Beide Partner sind Mieter

Sind beide Partner der nichtehelichen Lebensgemeinschaft Mieter der Wohnung, haften sie auch nach einer Trennung beide dem Vermieter auf alle Verpflichtungen aus dem Mietvertrag (z.B. für die Miete, die Nebenkosten, die Instandhaltung und für Schönheitsreparaturen). Allein deshalb, dass ein Partner aus der Wohnung auszieht, wird der Mietvertrag weder geändert noch beendet oder teilweise aufgehoben. Die Haftung des ausgezogenen Partners gegenüber dem Vermieter besteht also fort. Beide Partner haften auch im Fall der Trennung weiterhin als Gesamtschuldner und können jeweils vom Vermieter in Anspruch genommen werden.

Selbstverständlich hat jeder Partner auch im Fall der Trennung das Recht, die Wohnung weiter zu nutzen. Das Mietverhältnis können sie nur gemeinsam beenden. Selbst wenn sich die beiden Partner einig sind, dass einer von ihnen aus dem Mietverhältnis entlassen und dieses nur mit dem anderen Partner fortbestehen soll, ist das ohne die Zustimmung des Vermieters nicht möglich. Und ohne Einverständnis des Mitmieters ist es auch nicht möglich, dass ein Partner mit dem Vermieter einen Mietaufhebungsvertrag schließt.

Beanspruchen beide Partner die Wohnung und können sie sich nicht einigen, wer die Wohnung weiternutzen soll, bleibt nur die Möglichkeit, den Mietvertrag gemeinsam zu kündigen und den Vermieter zu bitten, mit einem der Partner ein neues Mietverhältnis zu begründen. Weigert sich ein Partner an der Kündigung mitzuwirken, finden die Vorschriften des Gesellschaftsrechts Anwendung. Danach kann das Rechtsverhältnis zwischen den beiden Partnern jederzeit gekündigt und seine Aufhebung verlangt werden. Dann muss der andere Partner auf Abgabe der gemeinsamen Kündigungserklärung verklagt werden.

9.3.2 Die Partner leben in einer Wohnung im Eigentum eines Partners oder beider Partner

Leben die nichtehelichen Partner in einer Eigentumswohnung oder einem Haus, das im Alleineigentum eines Partners steht, muss der andere Partner die Wohnung verlassen, wenn der Eigentümer es verlangt. Eigentümer der Wohnung ist der Partner, der als solcher im Grundbuch eingetragen ist. Keine Bedeutung hat in diesem Zusammenhang, wer den Erwerb der Wohnung finanziert hat.

Achtung: Besteht allerdings zwischen dem Partner, der Eigentümer der Wohnung ist, und dem anderen Partner ein Mietverhältnis, muss dieses entsprechend den mietrechtlichen Vorschriften entweder durch Kündigung oder Mietaufhebungsvertrag aufgelöst werden. Auch wenn ein schriftlicher Mietvertrag fehlt, kann ein Mietverhältnis zwischen den Partnern bestehen, beispielsweise wenn der Partner regelmäßig ein Entgelt für die Nutzung der Wohnung an den Partner zahlt, in dessen Eigentum die Wohnung steht.

Sind beide Partner Eigentümer der Wohnung, steht jedem Partner der im Grundbuch eingetragene Miteigentumsanteil zu. Zwischen den Partnern besteht eine Gemeinschaft nach Bruchteilen. In diesem Fall ist jeder Partner – auch im Fall der Beendigung der nichtehelichen Lebensgemeinschaft – berechtigt, die Wohnung zu nutzen. Jeder Teilhaber an der Gemeinschaft kann jederzeit deren Aufhebung verlangen. Der Anspruch kann gegebenenfalls durch Klage geltend gemacht werden. Die Teilung erfolgt durch Verkauf. Können sich die Partner auch darauf nicht verständigen, erfolgt in letzter Konsequenz eine sogenannte Teilungsversteigerung, die von einem Partner beantragt werden muss. Dann wird die Wohnung öffentlich versteigert und der Erlös unter den Partnern entsprechend ihrer Miteigentumsanteile verteilt.

9.4 Vermögensrechtliche Auseinandersetzung

Je länger die nichteheliche Lebensgemeinschaft dauert, desto enger sind die persönlichen und wirtschaftlichen Verflechtungen der Partner untereinander und nach außen. Diese im Fall der Trennung der Partner zu lösen, kann unter Umständen schwierig sein, zumal – wie oben schon mehrfach dargelegt – gesetzliche Regelungen häufig fehlen. Vor allem wenn über Ausgleichsansprüche für erbrachte Leistungen und Zuwendungen in der Lebensgemeinschaft gestritten wird, kann es um viel Geld gehen.

9.4.1 Verteilung des Hausrats

Für die Verteilung des Hausrats sind die Eigentumsrechte an den Haushalts- und Einrichtungsgegenständen maßgebend. Bei Beendigung der nichtehelichen Lebensgemeinschaft ist mithin von Bedeutung, ob diese im Alleineigentum eines Partners stehen oder ob jeder Partner an den Gegenständen des gemeinsamen Haushalts Miteigentum hat.

Wurde zwischen den Partnern die Verteilung des Hausrats bei Beendigung der Lebensgemeinschaft im Rahmen eines Partnerschaftsvertrags geregelt, sind im Fall der Trennung der Partner die entsprechenden Vereinbarungen maßgebend. Andernfalls sollte eine möglichst gerechte Teilung der Haushaltsgegenstände angestrebt werden. Vor allem dann, wenn nach einer längeren Beziehung die Eigentumsverhältnisse im Einzelnen nicht mehr geklärt werden können, weil nicht mehr festgestellt werden kann, von welchem Partner was gekauft und bezahlt wurde, sollte Streit vermieden und eine wertmäßig gerechte Verteilung erfolgen, die dann im Rahmen einer Trennungsvereinbarung schriftlich festgehalten werden sollte.

Haushaltsgegenstände im Alleineigentum eines Partners

Steht ein Haushaltsgegenstand im Alleineigentum eines Partners, ist die Rechtslage bei Beendigung der nichtehelichen Lebensgemeinschaft eindeutig: Jeder Partner hat Anspruch auf Herausgabe der Gegenstände, die in seinem Eigentum stehen.

- Jeder Partner bleibt Eigentümer der Haushaltsgegenstände, die er in die nichteheliche Lebensgemeinschaft eingebracht hat, es sei denn, dass er einen Gegenstand während des Bestehens der Partnerschaft an den anderen Partner übereignet hat.
- Grundsätzlich erwirbt ein Partner auch das Alleineigentum an Gegenständen, die die eingebrachten Sachen ersetzen sollen. Es gilt die Vermutung, dass die anstelle zerstörter oder verloren gegangener Haushaltsgegenstände, die einer der Partner mit in

die Gemeinschaft eingebracht hat, angeschafften Gegenstände in das Alleineigentum des Partners fallen sollen, dem die zu ersetzende Sachen gehörten.

- Bei Gegenständen, die ausschließlich zum persönlichen Gebrauch eines Partners bestimmt sind und während des Bestehens der Lebensgemeinschaft angeschafft werden, ist grundsätzlich davon auszugehen, dass sie dem Partner gehören, der diesen Gegenstand auch konkret benötigt und benutzt (z.B. Kleidungsstücke, Arbeitsmaterial).
- Im Alleineigentum stehen grundsätzlich die Gegenstände, die ein Partner geerbt oder geschenkt bekommen hat.

Haushaltsgegenstände im gemeinschaftlichen Eigentum der Partner

Bei Haushaltsgegenständen, die aus einer gemeinsamen Kasse oder von einem Gemeinschaftskonto der Partner finanziert wurden oder bei denen beide Partner für die Schulden haften, kann im Zweifel davon ausgegangen werden, dass sie von den Partnern gemeinschaftlich erworben wurden. In diesem Fall erwerben die Partner jeweils zur Hälfte Miteigentum an dem betreffenden Gegenstand.

Sinnvoll ist es, wenn sich die Partner über die Verteilung der im gemeinsamen Eigentum stehenden Haushaltsgegenstände einigen. Andernfalls erfolgt kraft Gesetzes eine Teilung in Natur (Aufteilung des Geschirrs nach Einzelstücken). Ist dies nicht möglich, so erfolgt die Aufhebung der Gemeinschaft durch Verkauf des gemeinschaftlichen Gegenstands und Teilung des Erlöses. Notfalls muss der Gegenstand versteigert und der Erlös verteilt werden.

9.4.2 Abwicklung von Bankkonten

Auch bei der Verteilung von Bankguthaben, die während der nichtehelichen Lebensgemeinschaft eingerichtet wurden, kommt es darauf an, wer Kontoinhaber ist.

Einzelkonto

Verfügt jeder Partner der nichtehelichen Lebensgemeinschaft über ein Einzelkonto, ändert sich nach der Trennung der Partner nichts. Ein Partner konnte bereits während des Bestehens der Partnerschaft nicht über das Konto des anderen verfügen.

Achtung: Hat der Inhaber eines Einzelkontos dem anderen Partner Bankvollmacht erteilt, erlischt zwar mit der Trennung die Voraussetzung der erteilten Vollmacht, an deren Wirksamkeit gegenüber der Bank ändert allerdings allein die Trennung der Partner nichts. Die Vollmacht ist auch nach der Auflösung der Lebensgemeinschaft gegenüber der Bank wirksam. Der Kontoinhaber muss also nach der Trennung die dem Partner erteilte Vollmacht gegenüber der Bank ausdrücklich widerrufen, wenn er sichergehen will, dass sein Partner nicht mehr auf das Konto zugreifen kann.

Gemeinschaftskonto

Ein von den nichtehelichen Partnern eingerichtetes Gemeinschaftskonto wird regelmäßig als sogenanntes Oder-Konto geführt. Haben die Partner nichts anderes vereinbart, steht ein Guthaben auf dem gemeinsamen Konto ihnen jeweils zur Hälfte zu. Welcher Partner wann und wie viel eingezahlt hat, spielt keine Rolle. Selbst wenn ein Partner den größeren Teil dazu beigetragen hat, weil er mehr verdiente, kann er bei Beendigung der Lebensgemeinschaft und Auflösung des Kontos keinen höheren Anteil verlangen. Die anderweitige Verteilung des Guthabens auf dem Konto setzt eine ausdrückliche Vereinbarung der Partner voraus.

Stichtag für die Teilung des Guthabens ist die Auflösung der Partnerschaft, also regelmäßig der Tag der Trennung. Solange die Partnerschaft besteht, spielt es keine Rolle, wie viel Geld vom Gemeinschaftskonto ein Partner für sich verwendet hat. Es wird vielmehr davon ausgegangen, dass alle Verfügungen während des Zusammenlebens im Interesse und für die gemeinsame Lebensgemeinschaft vorgenommen wurden. Ein rückwirkender Ausgleichsanspruch für die Zeit während des Bestehens der Partnerschaft findet mithin nicht statt. Hat also ein Partner während des Bestehens der Gemeinschaft mehr als die Hälfte des Guthabens für sich verwendet, schuldet er keinen Ausgleich.

9.4.3 Vermögensauseinandersetzung nach der Trennung

Nicht selten gibt es Streit unter den Partnern einer nichtehelichen Lebensgemeinschaft, ob und in welchem Umfang Leistungen während des Bestehens der Gemeinschaft nach deren Auflösung ausgeglichen werden müssen. Entsprechendes gilt, wenn noch Verbindlichkeiten bestehen, die während der Gemeinschaft eingegangen wurden. Verletzte Eitelkeiten haben auch häufig zur Folge, dass Schenkungen der Partner wieder rückgängig gemacht werden sollen.

Ausgleich für erbrachte Leistungen

Grundsätzlich gilt, dass die von beiden Partnern erbrachten persönlichen und wirtschaftlichen Leistungen im Fall der Trennung nicht gegeneinander aufgerechnet oder abgerechnet werden. Gleichwohl besteht keine Regel ohne Ausnahme. In bestimmten Fällen können Ausgleichsansprüche begründet sein.

In jedem Fall besteht kein Ausgleichsanspruch für gemeinschaftsbezogene Leistungen, die das tägliche Zusammenleben der Partner ermöglicht haben, mithin also für laufende Beiträge zur Aufrechterhaltung der Gemeinschaft. Darunter fallen beispielsweise alle Tätigkeiten im gemeinsamen Haushalt, finanzielle Beiträge zur Haushaltsführung, in der Regel auch zugunsten eines Partners erbrachte Betreuungs- und Pflegeleistungen.

Liegt eine Zuwendung vor, die nicht nur das tägliche Zusammenleben der Partner ermöglichen soll, sondern darüber hinausgeht, wählen die Gerichte verschiedene Lösungswege, um im Einzelfall einen gerechten Ausgleich zu schaffen. Generelle Aussagen sind jedoch nicht möglich, maßgebend sind immer die konkreten Umstände des Einzelfalls. Unabhängig davon setzt jedoch jeder Ausgleichsanspruch voraus, dass die Zuwendung während des Bestehens der nichtehelichen Lebensgemeinschaft zu Vermögenswerten geführt hat, die über die Beendigung der Partnerschaft hinaus Bestand haben.

Voraussetzung für jeden Ausgleichsanspruch ist in jedem Fall, dass es sich bei dem zugewendeten Vorteil um einen objektiv wesentlichen Beitrag handelt. Nicht ausgleichspflichtig sind mithin solche Leistungen, die im Rahmen des täglichen Zusammenlebens der Partner erbracht worden sind, wobei es gleichgültig ist, ob die Beiträge zu den laufenden Kosten (z.B. Kosten der Haushaltsführung oder Mietzahlungen) oder durch größere Einmalzahlungen (z.B. Finanzierung eines Urlaubs) erbracht worden sind.

Ein Ausgleich nach den bürgerlich-rechtlichen Vorschriften kann in Betracht kommen, wenn auf dem Grundstück des Partners ein Haus errichtet wurde, an dessen Bau oder Erwerb sich der andere Partner beteiligt hat. Kein Ausgleichsanspruch besteht, wenn der in eine Immobilie investierende Partner dort mehrere Jahre mietfrei wohnen durfte. Ebenfalls nicht ausgleichspflichtig sind bei Trennung der Partner regelmäßig finanzielle Zuwendungen für den Erwerb und Umbau eines im Alleineigentum des anderen Partners stehenden Wohnhauses, es sei denn, dass die Leistungen deutlich über einem für vergleichbaren Wohnraum aufzuwendenden Mietzins liegen.

Die Rechtslage, ob und gegebenenfalls in welchem Umfang ausnahmsweise Ausgleichsansprüche bei Beendigung der nichtehelichen Lebensgemeinschaft geltend gemacht werden können, ist kompliziert. Deshalb können solche Ansprüche nur mit anwaltlicher Hilfe geltend gemacht werden. Auch in diesem

Zusammenhang muss daher wieder darauf hingewiesen werden, dass es in jedem Fall sinnvoll ist, die Rechtsbeziehungen der nichtehelichen Partner untereinander – und in diesem Zusammenhang Ausgleichsansprüche bei Zuwendungen während des Bestehens der Gemeinschaft – vertraglich im Rahmen eines Partnerschafts- oder Kooperationsvertrags zu regeln.

Ausgleich für erbrachte Dienst- und Arbeitsleistungen

Arbeitsleistungen, die ein Partner in der nichtehelichen Lebensgemeinschaft erbracht hat, können wie die Übertragung von Vermögensgegenständen geldwerte Leistungen darstellen, die nach der Trennung der Partner unter Umständen wegen des Wegfalls der Geschäftsgrundlage ausgleichspflichtig sind. Das ist der Fall, wenn Arbeitsleistungen nach einer stillschweigenden Übereinkunft mit dem anderen Partner (sog. Kooperationsvertrag) zur Ausgestaltung der Lebensgemeinschaft erbracht und darin ihre Geschäftsgrundlage haben. So kann beispielsweise ein Partner durch eine Renovierung Arbeitsleistungen erbringen, die erheblich über bloße Gefälligkeiten oder das, was das tägliche Zusammenleben der Partner erfordert, hinausgehen. Ist dadurch ein messbarer, noch immer vorhandener Vermögenszuwachs auch für den anderen Partner entstanden, kann der Partner im Fall der Trennung einen finanziellen Ausgleich verlangen.

Die Höhe des Ausgleichsanspruchs hängt insbesondere von der Dauer der nichtehelichen Lebensgemeinschaft – von der Zuwendung bis zur Trennung – dem Alter der Partner bei der Trennung und den Einkommens- und Vermögensverhältnissen der Partner ab.

Voraussetzung ist, dass die Arbeitsleistungen über bloße Gefälligkeiten hinausgehen und der Partner dadurch eine Arbeitskraft eingespart hat. Zudem kommt ein Ausgleich nur für solche Leistungen in Betracht, denen nach den jeweiligen Verhältnissen besondere Bedeutung zukommt. Dienst- und Arbeitsleistungen können aber allenfalls bis zu der Höhe geltend gemacht werden, wie sie auch bei Beauftragung einer fremden Arbeitskraft entstanden wären.

Ausgleich von Leistungen Dritter

Streit kann es im Falle der Beendigung der nichtehelichen Lebensgemeinschaft auch dann geben, wenn Dritte, etwa die Eltern, eines der beiden Partner eine Leistung zuwenden, beispielsweise eine Geldzuwendung mit dem Zweck des Immobilienerwerbs. Dann stellt sich die Frage, ob die Leistung wieder zurückgefordert werden kann, wenn sich die Partner trennen. Unter Umständen kann der Ausgleichsanspruch auf den Wegfall der Geschäftsgrundlage gestützt werden.

Tina Kurz und Simon Keller erwarben ein Hausgrundstück zum gemeinsamen Wohnen. Die Eltern von Tina wandten zur Finanzierung 100.000,– € zu. Nachdem sich ihre Tochter kurz nach der Zuwendung innerhalb von zwei Jahren von ihrem Partner getrennt hat, verlangen die Eltern vom früheren Partner ihrer Tochter die Hälfte ihrer Zuwendung zurück.

Die vom (mit)beschenkten Partner des eigenen Kindes geteilte oder jedenfalls erkannte Vorstellung des Schenkers, eine zugewendete Immobilie werde vom eigenen Kind und dessen Partner dauerhaft als gemeinschaftliche Wohnung genutzt, kann die Geschäftsgrundlage eines Schenkungsvertrages bilden. Wenn die Eltern davon ausgegangen sind, dass der Immobilienerwerb einen langfristigen Zweck erfüllen soll, ist durch die zeitnahe Trennung des Paares die Geschäftsgrundlage der Zuwendung weggefallen. Diese grundlegende Veränderung kann eine Anpassung des Vertrags oder sogar dessen Auflösung erfordern. Den Eltern ist es nicht zuzumuten, an der Zuwendung festzuhalten. Deshalb können sie vom ehemaligen Lebensgefährten ihrer Tochter die Rückzahlung der Zuwendung verlangen.

Ausgleich von Schulden

Bestehen bei Beendigung der nichtehelichen Lebensgemeinschaft Kreditverbindlichkeiten, ist von Bedeutung, wer den Kredit aufgenommen hat. War dies nur einer der Partner, haftet er auch allein gegenüber dem Gläubiger. Haben beide den Kredit aufgenommen, sind sie gemeinsam zur Rückzahlung verpflichtet.

Für Verbindlichkeiten, die nur ein Partner der nichtehelichen Lebensgemeinschaft begründet hat, haftet nur dieser Partner. Der andere Partner ist nicht zur Rückzahlung verpflichtet. Ausnahmsweise kann dem Partner, der ein Darlehen aufgenommen hat, für das er dem Gläubiger gegenüber haftet, ein Aufwendungsersatz gegenüber dem anderen Partner zustehen, wenn mit dem von ihm aufgenommenen Darlehen Altschulden des anderen Partners abgelöst wurden.

Für gemeinsame Schuldner haften die Lebenspartner nach der Beendigung der nichtehelichen Lebensgemeinschaft gegenüber dem Gläubiger als Gesamtschuldner. Das bedeutet, dass der Gläubiger (z.B. die Bank) die Leistung zwar nur einmal fordern kann, dies jedoch nach seinem Belieben von jedem Partner. Im Verhältnis zueinander (sog. Innenverhältnis) haften beide Partner je zur Hälfte, wenn nichts anderes zwischen ihnen vereinbart ist.

Ausnahmen vom Grundsatz, dass im Innenverhältnis beide Partner je zur Hälfte für die Verbindlichkeiten haften, bestehen, wenn die Schulden

- ausschließlich im Interesse eines Partners eingegangen wurden,
- für einen Gegenstand eingegangen wurden, der im Alleineigentum eines Partners steht,
- für einen Gegenstand eingegangen wurden, der nach der Trennung ausschließlich von einem Partner genutzt wird.

Achtung: Auch wenn ein Partner während der Zeit des Zusammenlebens mehr auf die Gesamtschuld geleistet hat als der andere (z.B. allein Tilgungsleistungen auf ein gemeinsames Darlehen geleistet hat), besteht kein Ausgleichsanspruch. Schließlich gilt der Grundsatz, dass persönliche und wirtschaftliche Leistungen, die im Interesse des Zusammenlebens erbracht wurden, nicht ausgeglichen werden. Nach der Trennung ändert sich die Rechtslage allerdings. Für die danach noch fälligen Zahlungen, die ein Partner allein leistet, kann er vom anderen Partner hälftigen Ausgleich verlangen.

Widerruf von Schenkungen

Am Ende der nichtehelichen Lebensgemeinschaft wollen Partner nicht selten Geschenke an ihren Partner während des Bestehens der Partnerschaft wieder rückgängig machen. Haben die Partner in einem Partnerschaftsvertrag darüber keine entsprechende Vereinbarung getroffen, ist ein Widerruf kraft Gesetzes nur dann möglich, wenn »sich der Beschenkte durch eine schwere Verfehlung gegen den Schenker oder einen nahen Angehörigen des Schenkers groben Undanks schuldig gemacht hat«. Das gilt sowohl für bereits vollzogene Schenkungen als auch für Schenkungsversprechen, also einen Vertrag, durch den ein Partner dem anderen eine unentgeltliche Zuwendung verspricht.

Achtung: Ein Widerruf ist nur zulässig, wenn die Zuwendung an den Partner eine Schenkung darstellt. Das ist nur dann der Fall, wenn der Partner durch die Zuwendung bereichert wurde und beide Partner darüber einig sind, dass die Zuwendung unentgeltlich, also ohne Gegenleistung erfolgt. Zudem muss auch Einvernehmen darüber bestehen, dass die Zuwendung endgültig und unabhängig von der nichtehelichen Lebensgemeinschaft sein soll. Nicht um eine Schenkung innerhalb der Partnerschaft handelt es sich insbesondere dann, wenn eine Zuwendung als Beitrag zur Verwirklichung der gemeinsamen Haushalts- und Lebensführung zugutekommen soll.

Corinna Müller und Sven Karcher leben in einer nichtehelichen Lebensgemeinschaft. Herr Karcher schenkt seiner Lebensgefährtin einen halben Miteigentumsanteil an einem Bauplatz, den er geerbt hat. Wollen beide Partner auf dem Grundstück zur Verwirklichung ihrer Lebensgemeinschaft ein Haus errichten und darin wohnen, handelt es sich nicht um eine Schenkung, weil die Übertragung des Miteigentumsanteils am Grundstück an die Partnerin der Verwirklichung der Lebensgemeinschaft dient. Dagegen stellt eine Schenkung im Gegensatz zur Zuwendung eine frei disponible Bereicherung des Beschenkten dar.

Eine Schenkung an den nichtehelichen Partner kann nur widerrufen werden, wenn sich der beschenkte Partner wegen einer schweren Verfehlung groben Undanks gegenüber dem anderen Partner schuldig gemacht hat. Maßgebend sind immer die konkreten Umstände des Einzelfalls. Allein die Auflösung der nichtehelichen Lebensgemeinschaft als solche rechtfertigt den Widerruf allerdings nicht. Es müssen vielmehr weitere Umstände (echte Verfehlungen) des Beschenkten hinzutreten. In Betracht kommen beispielsweise schwere Beleidigungen, körperliche Misshandlungen, grundlose Strafanzeigen oder die Ausübung einer Vorsorgevollmacht, ohne den Willen des Schenkers zu beachten. Die Schenkung kann unter Umständen auch dann widerrufen werden, wenn der Beschenkte noch wertvolle Geschenke seines Partners entgegennahm, obwohl er bereits innerlich entschlossen war, sich von diesem zu trennen.

Achtung: Nicht widerrufen werden können sogenannte Pflicht- und Anstandsschenkungen, also solche Schenkungen, durch die einer sittlichen Pflicht oder einer auf den Anstand zu nehmenden Rücksicht entsprochen wird. Dazu gehören beispielsweise die gebräuchlichen Gelegenheitsgeschenke zu Weihnachten und Geburtstagen.

9.5 Auswirkungen der Trennung auf die Kinder der Patchworkfamilie

Für die Frage, welche Auswirkungen die Trennung der nichtehelichen Partner auf die Kinder der Patchworkfamilie hat, ist von Bedeutung, ob es sich um gemeinschaftliche Kinder oder um Kinder nur eines Partners (sog. einseitige Kinder) handelt.

9.5.1 Auswirkungen der Trennung auf gemeinschaftliche Kinder

Für Kinder, die mit Vater und Mutter aufwachsen, ist es regelmäßig gleichgültig, ob die Eltern verheiratet sind oder nicht. Die Trennung ist sowohl für eheliche als auch für nichteheliche Kinder gleich einschneidend. Zwar können sich zwei Personen als Paar trennen, als Eltern aber nicht. Deshalb entsprechen die Auswirkungen der Trennung nichtehelicher Paare im Wesentlichen den Regelungen, wie sie auch für verheiratete Eltern gelten.

Unterhalt für Kinder

Leben die Eltern des Kindes getrennt, erfüllt der Elternteil, bei dem das Kind aufwächst, seinen Unterhaltsbeitrag in der Regel durch dessen Pflege und Erziehung, Geldzahlungen werden von diesem Elternteil nicht erwartet. Der andere Elternteil hat dagegen Barunterhalt zu leisten. Für den Kindesunterhalt bei nicht verheirateten Eltern gelten die gleichen Regelungen wie bei Eheleuten. Näheres dazu unter 8.2.1.

Elterliches Sorgerecht

Die im Fall der Trennung und Scheidung verheirateter Eltern für das Sorgerecht gemeinschaftlicher Kinder geltenden Grundsätze gelten auch bei der Trennung nichtehelicher Partner. Grundsätzlich ändert die Trennung der Eltern am Sorgerecht für gemeinschaftliche Kinder nichts.

Gemeinsame Sorge der Eltern

Sind die Eltern gemeinsam Inhaber der elterlichen Sorge, so steht ihnen diese auch nach der Trennung weiterhin zu. Bei Entscheidungen in Angelegenheiten, deren Regelung für das Kind von erheblicher Bedeutung ist, ist das gegenseitige Einvernehmen der Eltern erforderlich. Das betrifft sowohl die Personen- als auch die Vermögenssorge. Der Elternteil, bei dem sich das Kind gewöhnlich aufhält, hat die Befugnis zur alleinigen Entscheidung in Angelegenheiten des täglichen Lebens (z.B. über die Freizeitgestaltung des Kindes).

Steht den Eltern das Sorgerecht gemeinsam zu, kann jeder Elternteil nach der Trennung beim Familiengericht einen Antrag auf Übertragung der elterlichen Sorge auf sich stellen. Voraussetzung ist, dass entweder der andere Elternteil zustimmt oder zu erwarten ist, dass die Übertragung dem Wohl des Kindes am besten entspricht.

Alleinsorge der Mutter

Hat nur die Mutter das Sorgerecht für das gemeinschaftliche Kind, bleibt es auch nach der Trennung der nichtehelichen Partner dabei. Der Vater kann die Übertragung des Sorgerechts auf sich beim Familiengericht beantragen. Die Übertragung erfolgt, wenn die Mutter zustimmt, es sei denn, die Übertragung widerspricht dem Wohl des Kindes. Die Übertragung des Sorgerechts auf den Vater ist auch möglich, wenn eine gemeinsame Sorge nicht in Betracht kommt und zu erwarten ist, dass die Übertragung auf den Vater dem Wohl des Kindes am besten entspricht.

Elterliches Umgangsrecht

Ohne weitere Voraussetzungen hat das Kind ein Recht auf Umgang mit jedem Elternteil. Keine Rolle spielt, ob die Eltern getrennt leben. Keine Bedeutung hat auch, ob dem Elternteil das Sorgerecht zusteht.

Eingeschränkt bzw. ausgeschlossen werden darf das Umgangsrecht des Elternteils durch das Familiengericht nur dann, wenn es zum Wohl des Kindes erforderlich ist bzw. anderenfalls das Kindeswohl gefährdet wäre.

Die im Fall der Trennung und Scheidung verheirateter Eltern für das Umgangsrecht geltenden Grundsätze (vgl. dazu 8.5) gelten auch bei der Trennung nichtehelicher Partner. Grundsätzlich ändert die Trennung der Eltern am Umgangsrecht eines Elternteils nichts.

9.5.2 Auswirkungen der Trennung auf einseitige Kinder

Unterhaltsansprüche des Kindes gegenüber dem nichtehelichen Partner des Elternteils stehen dem Kind nur dann zu, wenn es vom neuen Partner adoptiert wurde. Entsprechendes gilt für das Sorgerecht des nichtehelichen Partners für ein einseitiges Kind nach Beendigung der Patchworkfamilie. Dagegen kann dem nichtehelichen Partner unter Umständen auch für die Zeit nach der Trennung ein Umgangsrecht mit dem Kind des früheren Partners zustehen.

Unterhalt für Kinder des Partners

Gegenüber den Kindern, die ein Partner in die nichteheliche Partnerschaft einbringt, ist der andere Partner nicht unterhaltspflichtig. Eine Unterhaltspflicht besteht allerdings dann, wenn das Kind des Ehepartners in der zweiten Ehe adoptiert wird. Adoptierte Kinder stehen den eigenen Kindern rechtlich gleich (vgl. dazu 6.3).

Sorgerecht für Kinder des Partners

Nur wenn die Partner der Patchworkfamilie verheiratet sind, steht dem Ehepartner unter Umständen das sogenannte kleine Sorgerecht zu, das allerdings mit der Scheidung der Ehe endet (vgl. dazu 8.4.2). Das kleine Sorgerecht besteht jedoch nicht in Patchworkfamilien, in denen die Partner nicht miteinander verheiratet sind. Dem nichtehelichen Partner steht nach der Trennung das Sorgerecht nur dann zu, wenn er das Kind seines nichtehelichen Partners adoptiert hat. Adoptierte Kinder stehen den eigenen Kindern rechtlich gleich (vgl. dazu 6.3).

Umgangsrecht mit Kindern des Partners

Engen Bezugspersonen des Kindes kann ein Recht auf Umgang mit dem Kind zustehen, wenn dieser dem Wohl des Kindes dient. Zu den engen Bezugspersonen des Kindes gehört auch der nichteheliche Partner in einer Patchworkfamilie, wenn er für das Kind tatsächliche Verantwortung getragen hat. Von einer entsprechenden sozial-familiären Beziehung ist auszugehen, wenn der Partner längere Zeit mit dem Kind in häuslicher Gemeinschaft gelebt hat. Entscheidend ist weniger eine bestimmte zeitliche Dauer als vielmehr, dass das Kind zum neuen Partner des Elternteils eine nachhaltige Beziehung aufgebaut hat. Es muss mithin eine tatsächliche Lebens- und Erziehungsgemeinschaft bestanden haben, welche die Qualität einer Familie erreicht hat. Dabei genügt regelmäßig ein einjähriges Zusammenleben. Notwendig sind allerdings feste und regelmäßige Kontakte. Bloße Wochenendkontakte sind nicht ausreichend.

10 Ende der Patchworkfamilie durch Tod eines Partners

Endet die Partnerschaft in einer Patchworkfamilie durch Tod eines Partners, sind die erbrechtlichen Folgen für den länger lebenden Partner und die Kinder in der Patchworkfamilie zu klären. Von Bedeutung ist in diesem Zusammenhang, ob die Partner verheiratet waren oder nicht und ob gemeinschaftliche Kinder vorhanden sind. Zudem stellt sich auch in der Patchworkfamilie beim Tod eines Partners die Frage nach der Hinterbliebenenversorgung in der gesetzlichen Rentenversicherung.

10.1 Erbrecht in der Patchworkfamilie

Grundsätzlich steht es im Belieben einer Person, wem sie im Todesfall ihr Vermögen hinterlassen will. Nur wenn kein Testament vorliegt, bestimmt das Gesetz die Erbfolge. Der gesetzlichen Erbfolge liegt der Gedanke zugrunde, dass das Vermögen innerhalb der Familie verbleiben soll. Deshalb sind in erster Linie die Kinder und, wenn der Erblasser verheiratet ist, sein Ehepartner zu gesetzlichen Erben berufen.

Achtung: Entspricht die gesetzliche Erbfolge nicht den Vorstellungen des Erblassers über die Aufteilung seines Vermögens nach seinem Tod, muss er ein Testament errichten. Dabei sollte unbedingt auch berücksichtigt werden, dass bei der gesetzlichen Erbfolge häufig (z.B. wenn mehrere Kinder vorhanden sind) eine Erbengemeinschaft entsteht. In diesem Fall muss der Nachlass von den Miterben gemeinschaftlich verwaltet und nach Begleichung der Nachlassverbindlichkeiten unter ihnen aufgeteilt werden. Vor allem in einer Patchworkfamilie kann dies wegen der unterschiedlichen Interessen, die die einzelnen Miterben verfolgen, zu erheblichen Problemen und Streitigkeiten zwischen dem länger lebenden Partner und Kindern, die der Erblasser in die Patchworkfamilie eingebracht hat, führen.

10.1.1 Gesetzliche Erbfolge

Gesetzliche Erbfolge gilt insbesondere, wenn der Erblasser kein Testament errichtet hat. Sie tritt daneben aber unter anderem auch ein, wenn ein Testament nur einen Teil des Vermögens des Erblassers erfasst oder das Testament (z.B. wegen Formmangels) unwirksam ist.

Gesetzliche Erben sind in erster Linie die Kinder des Erblassers und – wenn er verheiratet ist – sein Ehepartner.

Gesetzliches Erbrecht der Kinder

Nach dem Tod des Erblassers sind in erster Linie seine Kinder die gesetzlichen Erben. Sie gehören zu den Erben der ersten Ordnung.

Nichteheliche Kinder sind den ehelichen gleichgestellt. Das heißt, auch nichteheliche Kinder haben einen gesetzlichen Anspruch auf alle Teile des Nachlasses und sie werden auch Mitglied einer Erbengemeinschaft. Auch ein adoptiertes minderjähriges Kind erlangt die volle rechtliche Stellung eines leiblichen Kindes. Es erbt also wie ein eheliches Kind. Das Verwandtschaftsverhältnis des adoptierten Kindes zu seinen leiblichen Verwandten erlischt. Das adoptierte Kind erbt also nichts von seinen blutsverwandten Eltern.

Achtung: Stiefkinder gehören nicht zu den gesetzlichen Erben, da sie keine Verwandten des Erblassers sind. Lediglich leibliche und adoptierte Kinder können von der gesetzlichen Erbfolge profitieren.

Hinterlässt der Erblasser mehrere Kinder, so erben diese zu gleichen Teilen. Die Kinder schließen die Eltern des Erblassers von der gesetzlichen Erbfolge aus.

Beispiel:

- Die geschiedene Sandra Kurz hinterlässt ihre Kinder Sofia, Tim und Matteo. Die Kinder erben jeweils ein Drittel.
- Die geschiedene Amelie Meister hinterlässt bei ihrem Tod ihren Sohn Lucas und ihre Eltern. Lucas ist Alleinerbe, die Eltern der Erblasserin sind von der gesetzlichen Erbfolge ausgeschlossen.

Auch ein minderjähriges Kind, also ein Kind, das das 18. Lebensjahr noch nicht vollendet hat, kann Erbe sein. Es wird bei der Annahme der Erbschaft durch seine gesetzlichen Vertreter, in der Regel durch die Eltern bzw. – wenn ein Elternteil verstirbt – durch den anderen Elternteil, vertreten.

Gesetzliches Erbrecht der Ehepartner

Neben den Kindern ist der länger lebende Ehepartner des Erblassers gesetzlicher Erbe. Für die Höhe seines Erbteils ist der Güterstand maßgebend, in dem die Eheleute während ihrer Ehe gelebt haben. Der Güterstand bezeichnet die Vermögensverhältnisse der Eheleute untereinander. Er regelt, wem das Vermögen gehört, welches die Eheleute in die Ehe eingebracht haben, wer dieses verwaltet und wer für eventuelle Schulden haftet. Die praktisch wichtigsten Güterstände sind die Zugewinngemeinschaft und die Gütertrennung.

Erbteil des Ehepartners bei Zugewinngemeinschaft

Sofern die Eheleute durch einen Ehevertrag nichts anderes vereinbart haben, leben sie im gesetzlichen Güterstand der Zugewinngemeinschaft. Die Besonderheit dieses Güterstands besteht darin, dass zwar das Vermögen der Eheleute während des Bestehens der Ehe rechtlich getrennt behandelt wird, der während der Ehe von den Ehepartnern jeweils erzielte Zugewinn aber nach Beendigung des Güterstands ausgeglichen wird (Zugewinnausgleich).

Wird der Güterstand durch den Tod eines Ehepartners beendet, so wird der Ausgleich des Zugewinns dadurch verwirklicht, dass sich der gesetzliche Erbteil des Ehepartners von pauschal um ein Viertel der Erbschaft erhöht, und zwar unabhängig davon, ob überhaupt ein Zugewinn während der Ehe erwirtschaftet wurde und wenn ja, wer diesen erlangt hat. Somit erbt der länger lebende Ehepartner neben Kindern die Hälfte des Nachlasses (ein Viertel gesetzlicher Erbteil + ein Viertel pauschaler Zugewinnausgleich).

Elena Feuerstein hinterlässt ihren Ehepartner Mark und ihre Kinder Sofia und Erik. Die Eheleute haben im gesetzlichen Güterstand der Zugewinngemeinschaft gelebt. Mark erbt die Hälfte des Nachlasses; sein Erbteil von einem Viertel erhöht sich um den pauschalen Ausgleich des Zugewinns, also um ein weiteres Viertel. Die Kinder erben beide die andere Hälfte, also jeweils ein Viertel.

Erbteil des Ehepartners bei Gütertrennung

Gütertrennung kann zwischen Eheleuten ausdrücklich vereinbart werden. Sie tritt automatisch aber auch dann ein, wenn die Eheleute den gesetzlichen Güterstand der Zugewinngemeinschaft ausgeschlossen oder aufgehoben haben, ohne einen anderen Güterstand zu vereinbaren, oder wenn der Ausgleich des Zugewinns oder der Versorgungsausgleich ausgeschlossen wurde. Bei der Gütertrennung wird das Vermögen der Ehepartner vollständig voneinander getrennt. Das betrifft nicht nur das in die Ehe jeweils eingebrachte, sondern auch das während der Ehe jeweils erworbene Vermögen. Bei der Beendigung der Ehe findet kein Zugewinnausgleich statt. Auch die pauschale Erhöhung des Erbteils des länger lebenden Ehepartners um ein Viertel wie bei der Zugewinngemeinschaft gibt es bei der Gütertrennung nicht.

Beim Güterstand der Gütertrennung erbt der länger lebende Ehepartner neben Kindern ein Viertel des Nachlasses. Allerdings gilt folgende Ausnahme: Erben neben dem länger lebenden Ehepartner ein oder zwei Kinder des Erblassers als gesetzliche Erben, so erben der länger lebende Ehepartner und jedes Kind zu gleichen Teilen.

Neben einem Kind erbt also der Ehepartner die Hälfte, neben zwei Kindern ein Drittel. Neben drei und mehr Kindern erbt der länger lebende Ehepartner immer ein Viertel, die Kinder teilen sich dann drei Viertel des Nachlasses.

Kerstin Gottschalk hinterlässt ihren Ehepartner Benjamin und ihre Kinder Mia und Emil. Die Eheleute haben durch Ehevertrag Gütertrennung vereinbart. Der länger lebende Ehepartner und die beiden Kinder erben jeweils ein Drittel des Nachlasses.

Kein gesetzliches Erbrecht des geschiedenen Ehepartners

Voraussetzung für das gesetzliche Erbrecht des Ehepartners ist, dass die Ehe zum Zeitpunkt des Todes noch bestand. Das ist im Falle einer rechtskräftigen Scheidung nicht der Fall. Wer also rechtskräftig geschieden wurde, hat am Nachlass des verstorbenen Ex-Ehepartners keinen Anteil mehr (wohl aber noch in der Trennungsphase). Stirbt ein Ehepartner während des laufenden Scheidungsverfahrens, gilt Folgendes:

- Das Erbrecht des Ehepartners ist ausgeschlossen, wenn zur Zeit des Todes des Erblassers die gesetzlichen Voraussetzungen für die Scheidung gegeben waren und der Erblasser die Scheidung beantragt oder ihr zugestimmt hatte (§ 1933 BGB).
- Hatte nur der länger lebende Ehepartner den Scheidungsantrag beim Gericht eingereicht, der Erblasser aber noch nicht zugestimmt, besteht das volle Erbrecht des länger lebenden Ehepartners.

Kein gesetzliches Erbrecht des nichtehelichen Lebenspartners

Das Erbrecht berücksichtigt und privilegiert in erster Linie nach wie vor die Ehe. Anders als dem länger lebenden Ehepartner steht dem nichtehelichen Lebenspartner beim Tod des anderen Partners kein gesetzliches Erbrecht zu. Somit besteht für nichteheliche Partner in einer Patchworkfamilie nur die Möglichkeit, den länger lebenden Partner durch Verfügungen von Todes wegen, also durch ein Testament oder einen Erbvertrag, zu versorgen.

10.1.2 Erbfolge durch Testament oder Erbvertrag

Wer von der gesetzlichen Erbfolge abweichen will, muss eine sogenannte Verfügung von Todes wegen errichten. Von Bedeutung sind in diesem Zusammenhang insbesondere das Testament und der Erbvertrag. Darin können die entsprechenden individuellen erbrechtlichen Anordnungen getroffen werden. Ein Testament kann als privates eigenhändiges Testament verfasst oder notariell zur Niederschrift eines Notars errichtet werden.

Eigenhändiges Testament

Wer erbrechtliche Verfügungen in einem eigenhändigen Testament treffen will, muss seine Verfügungen eigenhändig schreiben und unterschreiben. Diese Form des Testaments ist die am häufigsten gewählte.

Das eigenhändige Testament hat gegenüber dem notariellen Testament den Vorteil, dass es schnell und an jedem Ort errichtet werden kann und keine Notarkosten entstehen. Es kann leichter geändert werden als das notarielle Testament und an jedem Ort aufbewahrt werden.

Eigenhändige Erklärung

Ein eigenhändiges Testament ist nur wirksam, wenn der Text des Testaments vom Erblasser eigenhändig geschrieben und unterschrieben wird. Der Text muss mithin von der ersten bis zur letzten Zeile mit der Hand geschrieben werden. Ein mit der Schreibmaschine oder mithilfe eines Computers geschriebener Text erfüllt nicht die gesetzlichen Anforderungen und ist unwirksam. Ungültig ist das Testament auch dann, wenn einer anderen Person der Text diktiert und die von der dritten Person verfasste Niederschrift unterzeichnet wird.

Eigenhändige Unterschrift

Das Testament muss vom Erblasser eigenhändig unterschrieben werden. Die Unterschrift soll den Vornamen und Familiennamen enthalten. Es genügt also nicht, dass sich der Erblasser im Eingang des Textes lediglich selbst bezeichnet (»Ich, Tina Müller, erkläre hiermit meinen Letzten Willen wie folgt: …«). Im Gegensatz zu den Verfügungen im Testament muss die Unterschrift des Erblassers nicht leserlich sein. Sie muss aber die entsprechenden charakterlichen Merkmale aufweisen.

Die Unterschrift des Erblassers muss den Wortlaut des Testaments abschließen. Sie muss also unter dem Text stehen. Es reicht nicht aus, dass der Name irgendwo mitten im Text steht.

Wenn im Testament später Zusätze unterhalb der Unterschrift vorgenommen werden, müssen diese gesondert unterschrieben werden. Nachträge auf einem gesonderten Blatt stellen ein neues Testament dar und müssen unterschrieben sein. Wenn das Testament mehrere Seiten umfasst, reicht es aus, wenn die zusammengehefteten Seiten auf der letzten Seite unterschrieben werden.

Ort- und Zeitangabe

Das Testament soll mit Orts- und Datumsangabe versehen werden. Fehlen diese Angaben, ist das Testament allerdings nicht zwangsläufig unwirksam. Sinnvoll ist es, das Datum, an dem das Testament errichtet wurde, anzugeben. Wenn nämlich mehrere sich widersprechende Testamente errichtet wurden, kann fraglich sein, welches Testament das aktuelle ist.

Notarielles Testament

Ein Testament kann auch zur Niederschrift eines Notars errichtet werden, indem der Erblasser dem Notar seinen Letzten Willen erklärt oder ihm eine offene oder geschlossene Schrift mit der Erklärung übergibt, dass die Schrift seinen Letzten Willen enthält.

Mit dem notariellen Testament können Formfehler, wie sie beim eigenhändigen Testament ohne Hinzuziehung eines Notars vorkommen können, vermieden werden. Durch die amtliche Verwahrung des Testaments besteht keine Gefahr, dass die Verfügungen vernichtet oder verändert werden. Durch ein notarielles Testament wird in vielen Fällen ein Erbschein, dessen Erteilung oft lange dauert und Kosten verursacht, überflüssig. Andererseits entstehen bei der Errichtung des notariellen Testaments Notarkosten, ferner fallen die Kosten der amtlichen Verwahrung an.

Notarielles Testament durch Erklärung

Im Regelfall wird das notarielle Testament errichtet, indem der Erblasser zur Niederschrift des Notars seinen Letzten Willen erklärt. Der Letzte Wille des Erblassers wird dann in einer notariellen Urkunde niedergeschrieben. Der Notar liest dem Erblasser die Niederschrift vor. Diese wird, wenn keine Änderungen mehr vorgenommen werden sollen, vom Erblasser und dem Notar unterschrieben.

Im Rahmen der Errichtung eines notariellen Testaments durch Erklärung des Erblassers vor einem Notar obliegen dem Notar eine Reihe von Belehrungs- und Aufklärungspflichten. So ist der Notar unter anderem verpflichtet, die Testierfähigkeit des Erblassers festzustellen und diesen über die rechtliche Tragweite seiner Verfügung zu belehren.

Notarielles Testament durch Übergabe einer Schrift

Der Erblasser kann ein notarielles Testament auch in der Form errichten, dass er dem Notar eine offene oder verschlossene Schrift mit dem Hinweis übergibt, dass diese Schrift seinen Letzten Willen enthält. Die dem Notar übergebene Schrift muss vom Erblasser nicht eigenhändig geschrieben sein. Bei der Errichtung des notariellen Testaments durch Übergabe einer Schrift entfällt die Beratung des Notars.

Kosten

Bei der Errichtung des notariellen Testaments entstehen Notarkosten. Die Kosten richten sich nach dem Wert des Nachlasses. Für die Beurkundung ist nach dem Gerichts- und Notarkostengesetz eine volle Gebühr zu entrichten. Bei einem Nachlasswert von beispielsweise 25.000,– € beläuft sich die Gebühr auf 115,– €, von 50.000,– € auf 165,– €, von 200.000,– € auf 435,– €, jeweils zuzüglich der gesetzlichen Mehrwertsteuer. Die Kosten können Sie vorab beim Notariat erfragen.

Gemeinschaftliches Testament der Eheleute

Das gemeinschaftliche Testament ist eine Zwischenform zwischen Testament und Erbvertrag. Darin werden Anordnungen sowohl für den Fall des Todes des einen als auch des anderen Ehepartners getroffen.

Inhalt

Ein gemeinschaftliches Testament kann dieselben Anordnungen wie ein Einzeltestament enthalten. Möglich sind jedoch – und hier liegt die entscheidende Besonderheit – sogenannte wechselbezügliche Verfügungen. Dabei handelt es sich um eine erbrechtliche Verfügung, die ein Ehepartner nur deshalb trifft, weil auch der andere Partner eine entsprechende Verfügung getroffen hat. Der eine Ehepartner trifft eine Anordnung im Hinblick darauf, dass auch der andere eine entsprechende Verfügung vornimmt. Beide Verfügungen stehen gewissermaßen im Gegenseitigkeitsverhältnis zueinander. Der typische Fall ist der, dass sich die Ehepartner wechselseitig zu Alleinerben einsetzen. Eine besondere Form des gemeinschaftlichen Testaments ist das Berliner Testament.

Form

Wie das Einzeltestament kann auch das gemeinschaftliche Testament von Ehepartnern als eigenhändiges oder notarielles Testament errichtet werden.

Beim eigenhändigen Testament besteht für das gemeinschaftliche Testament allerdings eine Formerleichterung: Es genügt, wenn einer der Ehepartner den Text eigenhändig schreibt und unterzeichnet und der andere Ehepartner die gemeinschaftliche Erklärung eigenhändig mitunterzeichnet. Der mitunterzeichnende Ehepartner soll auch angeben, an welchem Ort und zu welcher Zeit (Tag, Monat, Jahr) er seine Unterschrift beigefügt hat.

Widerruf

Wenn sich die Ehepartner einig sind, können sie wechselbezügliche Verfügungen in ihrem gemeinschaftlichen Testament jederzeit gemeinschaftlich widerrufen. Sie müssen allerdings zusammen handeln, das heißt, gemeinschaftlich ein Widerrufstestament errichten oder in einem neuen gemeinschaftlichen Testament abweichende Verfügungen treffen.

Der Widerruf einer wechselbezüglichen Verfügung durch einen Ehepartner allein muss vor einem Notar erklärt werden. Er wird erst wirksam, wenn er dem anderen Ehepartner zugeht. Es ist also nicht möglich, dass hinter dem Rücken des anderen Ehepartners wechselbezügliche Verfügungen widerrufen werden. Der Widerruf der wechselbezüglichen Verfügung hat grundsätzlich die Unwirksamkeit der Verfügung des anderen Ehepartners zur Folge.

Die Eheleute Andreas und Christian Meister haben sich durch eine wechselbezügliche Verfügung in ihrem gemeinschaftlichen Testament gegenseitig als Alleinerben eingesetzt. Wenn Christian die Erbeinsetzung seines Ehepartners formgerecht widerruft, ist auch die Erbeinsetzung des Ehemanns durch Andreas automatisch aufgehoben.

Nach dem Tod des Ehepartners kann der andere Ehepartner wechselbezügliche Verfügungen nicht mehr widerrufen. Er ist an die wechselbezüglichen Verfügungen im gemeinschaftlichen Testament gebunden und darf keine Anordnungen treffen, die diese Verfügungen beeinträchtigen (z.B. andere Teilungsquoten für die im gemeinschaftlichen Testament eingesetzten Erben bestimmen).

Berliner Testament

Das sogenannte Berliner Testament ist unter Eheleuten sehr beliebt. Es ist eine besondere Form des gemeinschaftlichen Testaments, in dem sich die Eheleute gegenseitig als Erben einsetzen und bestimmen, dass nach dem Tod des Längstlebenden der Nachlass beider Elternteile an die Kinder fallen soll. Somit wird nicht nur die Erbfolge unter den Eheleuten geregelt, sondern auch ein zweiter Erbgang, nämlich die Erbfolge des länger lebenden Ehepartners.

Inhalt des Testaments

Beim Berliner Testament beschränken sich die Ehepartner nicht darauf, sich gegenseitig als Alleinerben einzusetzen, sie bestimmen darüber hinaus bereits einen Erben für den Längerlebenden. Somit wird nicht nur die Erbfolge unter den Eheleuten geregelt, sondern auch ein zweiter Erbgang, nämlich die Erbfolge des länger lebenden Ehepartners.

Rechtslage nach dem ersten Erbfall

Nach dem Tod des erstverstorbenen Ehepartners wird der andere Ehepartner Erbe. Der Nachlass wird dann mit dem Vermögen des Längerlebenden verschmolzen. Der länger lebende Ehepartner kann zu Lebzeiten frei über das Vermögen verfügen, er kann es verbrauchen und grundsätzlich auch verschenken.

Nach dem Tod eines Ehepartners kann der andere Ehepartner von den Eheleuten gemeinsam getroffene Verfügungen im Testament nicht mehr widerrufen. Er ist an die wechselseitigen Verfügungen gebunden und darf keine Anordnungen treffen, die diese Verfügungen beeinträchtigen.

Die Eheleute Patrick und Sonja Weber haben sich in einem Berliner Testament gegenseitig als Alleinerben eingesetzt. Nach dem Tod des Längerlebenden sollten die gemeinsamen Kinder je zur Hälfte erben. Wenn Patrick stirbt, ist Sonja an die Erbeinsetzung der Kinder gebunden. Sie kann dann kein Kind enterben oder andere Erbquoten festlegen.

Rechtslage nach dem zweiten Erbfall

Beim Tod des Längerlebenden erhält der eingesetzte Schlusserbe dessen Nachlass. Damit geht das Vermögen von beiden Ehepartnern auf den Schlusserben über. Wurden im Testament die Erbteile der Schlusserben nicht bestimmt, dann ist davon auszugehen, dass alle Schlusserben zu gleichen Teilen eingesetzt sind. Wurden also beispielsweise im Berliner Testament die zwei gemeinsamen Kinder der Eheleute als Erben des Letztversterbenden eingesetzt und die Erbteile nicht bestimmt, so erbt jedes Kind nach dem Tod des länger lebenden Elternteils die Hälfte des Nachlasses.

Schwachstellen des Berliner Testaments

Weil der länger lebende Ehepartner nach dem ersten Erbfall alleiniger Erbe wird, bedeutet das zwangsläufig, dass die Kinder, die kraft Gesetzes erben würden, von der Erbfolge ausgeschlossen werden und vom länger lebenden Elternteil den Pflichtteil verlangen können. Unter Umständen kann in diesem Fall die wirtschaftliche Existenz des Ehepartners gefährdet sein. Wenn beispielsweise eine Immobilie den wesentlichen Teil des Nachlasses darstellt, müsste der länger lebende Ehepartner unter Umständen diese Immobilie verkaufen, um die Pflichtteilsansprüche erfüllen zu können. Hier kann eine sogenannte Pflichtteilsstrafklausel helfen, die die beim ersten Erbfall enterbten Kinder davon abhalten soll, ihren Pflichtteil zu verlangen.

Erbvertrag

Statt in einem Testament können Verfügungen von Todes wegen auch in Form eines Erbvertrags getroffen werden. Beim Erbvertrag handelt es sich im Gegensatz zum Testament, durch das der Erblasser einseitig erbrechtliche Verfügungen anordnet, um einen echten Vertrag, durch den eine Bindung des Erblassers an seine Verfügungen erreicht werden soll. Während ein gemeinschaftliches Testament nur von Eheleuten errichtet werden kann, kann ein Erbvertrag auch von anderen Personen (z.B. zwischen nichtehelichen Lebenspartnern) geschlossen werden.

Der Erbvertrag ist vor allem für die nichteheliche Lebensgemeinschaft eine geeignete Form, gemeinsame erbrechtliche Verfügungen zu treffen. Paare einer nichtehelichen Lebensgemeinschaft können nämlich nicht durch ein gemeinschaftliches Testament testieren. Durch einen Erbvertrag können sich die Partner erbrechtlich bindend gegenseitig zu Erben einsetzen. Damit ist gewährleistet, dass keiner der Partner ohne Wissen des anderen seine Verfügung von Todes wegen ändern oder widerrufen kann.

Karen Simon hat ihren nichtehelichen Lebenspartner Malte Werner jahrelang versorgt und diesen beim Bau seines Eigenheims finanziell unterstützt. Deshalb soll Frau Simon seine Alleinerbin werden. Die Erbeinsetzung durch ein Testament könnte Herr Werner jederzeit, auch hinter dem Rücken seiner Lebenspartnerin, ändern. Ein gemeinschaftliches Testament können die beiden nicht errichten, weil sie nicht verheiratet sind. In diesem Fall berücksichtigt eine Erbeinsetzung durch eine vertragsmäßige Verfügung in einem Erbvertrag die Interessen von Karen Simon.

Voraussetzungen

Derjenige, der im Erbvertrag erbrechtliche Verfügungen trifft, also beispielsweise den Vertragspartner als Erben einsetzt, muss unbeschränkt geschäftsfähig sein. Treffen beide Vertragspartner solche Verfügungen, müssen beide diese Voraussetzung erfüllen.

Inhalt

In einem Erbvertrag können alle Verfügungen getroffen werden, die auch in einem Testament möglich sind. Zu unterscheiden ist allerdings zwischen vertragsmäßigen und einseitigen Verfügungen.

- Vertragsmäßige Verfügungen sind bindend. Allerdings können nur die Einsetzung eines Erben, eine Zuwendung in Form eines Vermächtnisses und die Auferlegung von Verpflichtungen in Form von Auflagen vertragsmäßig und damit bindend sein. Vertragsmäßige Verfügungen können vom Erblasser grundsätzlich nicht mehr einseitig, sondern nur einvernehmlich mit dem Vertragspartner geändert werden.
- An einseitige Verfügungen im Erbvertrag (z.B. die Enterbung) ist der Erblasser rechtlich nicht gebunden. Er kann solche vertragsmäßig nicht bindenden Verfügungen jederzeit grundlos wie in einem Testament einseitig widerrufen.

Michael Krüger hat in einem Erbvertrag durch vertragliche Verfügungen Nathalie Zoller als seine Alleinerbin eingesetzt und seinem Bruder Timo sein Auto vermacht. Die Erbeinsetzung und die Zuwendung des Vermächtnisses kann Herr Krüger nicht mehr einseitig rückgängig machen. Sie können nur einvernehmlich wieder aufgehoben werden.

Form

Der Erbvertrag kann nur zur Niederschrift eines Notars bei gleichzeitiger Anwesenheit beider Vertragspartner geschlossen werden. Nach Abschluss des Vertrags wird dieser in amtliche Verwahrung genommen.

Bindung an den Vertrag

Wenn der Erblasser in einem Erbvertrag vertragsmäßig über sein Vermögen oder Teile davon verfügt hat, kann er darüber keine anderweitige Verfügung mehr treffen, also insbesondere kein Testament errichten. Dieses wäre unwirksam. Zu Lebzeiten kann der Erblasser allerdings über sein Vermögen grundsätzlich weiter frei verfügen.

10.1.3 Individuelle testamentarische Gestaltungen in der Patchworkfamilie

Das deutsche Erbrecht ist auf so »komplizierte« Familienverhältnisse wie die in einer Patchworkfamilie nicht ausgelegt. Das Vermögen der Partner in einer Patchworkfamilie verteilt sich je nachdem, welcher Partner zuerst verstirbt. Beim Tod eines Partners erben dessen leibliche Kinder, das heißt einseitige und/oder gemeinsame Kinder. Daneben erbt der Partner die Hälfte des Nachlasses, wenn die Partner verheiratet waren und im gesetzlichen Güterstand der Zugewinngemeinschaft gelebt haben. Waren die Partner nicht verheiratet, erben jeweils nur die leiblichen Kinder. Haben die Ehepartner einer Patchworkfamilie kein Testament gemacht, so hängt die Höhe des Erbes der nicht gemeinsamen Kinder davon ab, welcher Partner zuerst stirbt.

Zufallsprinzip bei gesetzlicher Erbfolge

Das folgende Beispiel soll aufzeigen, dass die Höhe des Erbteils der Kinder in einer Patchworkfamilie vom Zufall abhängt.

Die Ehepartner leben im Güterstand der Zugewinngemeinschaft. Jeder Ehepartner hat ein Vermögen von 60.000,– €. Die Eheleute haben zwei gemeinsame Söhne und jeweils eine Tochter aus einer früheren Beziehung.

Der Ehemann stirbt zuerst: Wenn der Ehemann zuerst stirbt, erbt die Frau die Hälfte des Vermögens, also 30.000,– €, die Söhne und die Tochter des Ehemanns erhalten jeweils ein Drittel, also 10.000,– €. Einige Jahre später stirbt die Ehefrau. Ihre Kinder erhalten 60.000,– € ihres Vermögens plus die 30.000,– € aus der Erbschaft des verstorbenen Ehemanns. Die drei Kinder der Ehefrau erhalten also je 30.000,– €.

Die Ehefrau stirbt zuerst: Stirbt die Ehefrau zuerst, erbt der Ehemann ebenfalls die Hälfte des Vermögens, also 30.000,– €. Jeweils 10.000,– € fallen an die gemeinsamen Söhne und die Tochter der Ehefrau. Ein paar Jahre später stirbt der Ehepartner. Seine Kinder erben zusammen die Summe des eigenen Vermögens und des nach der vorverstorbenen Ehefrau geerbten Vermögens, zusammen also 90.000,– €, wovon jedes Kind 30.000,– € erhält.

Das Beispiel zeigt, dass die Höhe des geerbten Vermögens für die Kinder vom Zufall abhängig ist, je nachdem, wer zuerst verstirbt – der leibliche Elternteil des einseitigen Kindes oder der Stiefelternteil. Die Kinder des Längerlebenden werden nach der gesetzlichen Erbfolge bevorzugt. Zudem geht so ein Teil des Vermögens des zuerst versterbenden Ehepartners an die einseitigen Kinder des länger lebenden Ehepartners. Wenn diese gesetzliche Erbfolge nicht eintreten soll, muss der Erblasser ein Testament errichten und darin seine individuellen erbrechtlichen Verfügungen treffen.

Testamentarische Verfügungen

Für von der gesetzlichen Erbfolge abweichende testamentarische Regelungen sind entsprechend den persönlichen Wünschen und Vorstellungen des Erblassers verschiedene Gestaltungen denkbar:

- **Nur eigene Kinder des Patchworkpartners sollen erben:** Die Ehepartner sind sich einig, dass jeweils nur die eigenen Kinder erben sollen. Sie selbst wollen sich gegenseitig nicht beerben. In diesem Fall muss jeder Partner seine eigenen Kinder als Erben einsetzen, und die Partner müssen gegenseitig auf ihr Erb- und Pflichtteilsrecht sowie auf den Zugewinnausgleich (wenn sie im Güterstand der Zugewinngemeinschaft leben) verzichten.
- **Absicherung des länger lebenden Partners hat Priorität:** Die Ehepartner sind sich einig, dass zunächst der länger lebende Partner finanziell abgesichert werden soll. Danach soll das Vermögen an die leiblichen Kinder übergehen. In diesem Fall können der länger lebende Ehepartner als Vorerbe und die eigenen Kinder des verstorbenen Ehepartners als Nacherben eingesetzt werden. Die Vor- und Nacherbfolge kann unterschiedlich gestaltet werden. So kann etwa festgelegt werden, dass der länger lebende Ehepartner zwar die Miet- und Zinseinnahmen bekommt, die Substanz des Vermögens aber den leiblichen Kindern des verstorbenen Ehepartners erhalten bleiben muss. In jedem Fall aber müssten die Ehepartner einen Pflichtteilsverzicht regeln.
- **Alle Kinder der Patchworkpartner sollen gleichbehandelt werden:** Die Ehepartner wollen alle Kinder, also die leiblichen Kinder und die Stiefkinder, gleichbehandeln. In diesem Fall müssen sich die Eheleute gegenseitig zu Alleinerben einsetzen und ihre beiderseitigen Kinder zu Schlusserben zu gleichen Teilen. Probleme ergeben sich in diesem Fall, wenn leibliche Kinder nach dem Tod des zuerst versterbenden Ehepartners beziehungsweise nach dem Tod des länger lebenden Ehepartners ihren Pflichtteil verlangen.

- **Stiefkinder sind noch minderjährig:** Die Stiefkinder sind noch minderjährig, wenn sie erben. Damit liegt das Sorgerecht, zu dem auch die Sorge über das Vermögen des Kindes gehört, nicht beim Stiefelternteil, sondern ausschließlich beim Expartner des Erblassers. Der länger lebende Ehepartner muss sich also mit dem Expartner des verstorbenen Ehepartners auseinandersetzen. Diese unter Umständen unangenehme Situation kann vermieden werden, wenn der Ehepartner als Testamentsvollstrecker eingesetzt wird. Dann kann er das Erbe des Kindes verwalten, bis es volljährig ist.

Die gesetzliche Erbfolge in Patchworkfamilien ist ungerecht. Diese Rechtslage durch entsprechende testamentarische Gestaltungen auszugleichen, ist recht kompliziert. Vor allem müssen bei den verschiedenen Gestaltungen jeweils auch die Pflichtteilsansprüche der Beteiligten berücksichtigt werden. Hier kann ein Notar oder ein fachkundiger Anwalt helfen, die persönlichen Wünsche der Beteiligten in einem Testament wasserdicht umzusetzen.

10.1.4 Hohe Steuerfreibeträge für Ehepartner und Kinder

Zuwendungen von Todes wegen unterliegen der Erbschaftsteuer. Versteuert werden muss allerdings nur der Teil des Erbes, der nach Abzug der Freibeträge übrig bleibt. Steuerlich begünstigt werden in diesem Zusammenhang vor allem der Ehepartner (nicht der nichteheliche Lebenspartner) und die Kinder des Erblassers.

- Dem Ehepartner des Erblassers steht ein Freibetrag von 500.000,– € zu. Der Freibetrag des nichtehelichen Lebenspartners beläuft sich dagegen nur auf 20.000,– €.
- Kinder des Erblassers haben einen Freibetrag von 400.000,– € gegenüber jedem Elternteil. Steuerlich begünstigt werden eheliche und nichteheliche Kinder, Adoptivkinder und Stiefkinder des Erblassers.

10.2 Hinterbliebenenversorgung

Stirbt der Ehepartner, besteht in der gesetzlichen Rentenversicherung unter Umständen Anspruch auf Witwen- oder Witwerrente. Verlieren Kinder unter 18 Jahren einen Elternteil, können sie eine Waisenrente bekommen.

10.2.1Witwen- bzw. Witwerrente

Stirbt der Ehepartner, kann die Witwe bzw. der Witwer unter Anrechnung von eigenem Einkommen Anspruch auf Witwen-/Witwerrente der Deutschen Rentenversicherung haben.

Voraussetzungen für den Rentenanspruch

Anspruch auf Witwen- oder Witwerrente hat grundsätzlich nur, wer bis zum Tod seines Ehepartners mit diesem in einer gültigen Ehe gelebt hat. Keine Rolle spielt, ob die Eheleute tatsächlich zusammen oder getrennt gelebt haben. Bei Eheschließungen ab dem 1.1.2002 wird eine Witwen-/Witwerrente nur noch gezahlt, wenn die Ehe mindestens ein Jahr bestanden hat. Nur wenn der Ehepartner beispielsweise bei einem Unfall stirbt, besteht ein Rentenanspruch auch bei kürzerer Ehedauer.

Die Rente kann als kleine oder große Witwen-/Witwerrente gezahlt werden.

Kleine Witwen-/Witwerrente

Anspruch auf die kleine Witwen- oder Witwerrente besteht, wenn die Witwe oder der Witwer

- noch nicht das 46. Lebensjahr vollendet hat (diese Altersgrenze steigt stufenweise ab 2029 auf 47 Jahre),
- nicht erwerbsgemindert ist und
- kein Kind erzieht.

Die kleine Witwen- oder Witwerrente beträgt 25 % der Rente, auf die der Ehepartner zum Zeitpunkt seines Todes Anspruch gehabt hätte. Ist der Ehepartner vor dem 65. Lebensjahr verstorben, wird die Rente um einen Abschlag gekürzt. Die kleine Witwen-/Witwerrente wird nur für die Dauer von 24 Monaten nach dem Tod des Ehepartners gezahlt.

Große Witwen-/Witwerrente

Anspruch auf die große Witwen-/Witwerrente besteht, wenn die Witwe oder der Witwer

- das 46. Lebensjahr vollendet hat (auch diese Altersgrenze wird bis zum Jahr 2029 stufenweise auf 47 Jahre angehoben) oder
- erwerbsgemindert ist oder
- ein eigenes oder ein Kind des Verstorbenen erzieht, das noch nicht 18 Jahre alt ist.

! Hierzu zählen unter bestimmten Voraussetzungen auch Stiefkinder. Das Gleiche gilt, wenn der länger lebende Ehepartner für ein behindertes eigenes Kind oder ein Kind des verstorbenen Ehepartners sorgt, das sich selbst nicht unterhalten kann (und zwar unabhängig von dessen Alter).

Die große Witwen-/Witwerrente beträgt 55 % der Rente, auf die der verstorbene Ehepartner Anspruch gehabt hätte oder die er bereits bezogen hat. Wenn der Ehepartner vor dem 65. Lebensjahr gestorben ist, wird die Rente um einen Abschlag gemindert.

Kinderzuschlag

Wer ein Kind bis zum dritten Lebensjahr erzieht oder erzogen hat, erhält zur Witwenrente einen Zuschlag. Dieser beginnt mit dem vierten Kalendermonat nach dem Tod des Ehepartners. Überschreitet die Witwenrente zusammen mit dem Zuschlag eine volle Monatsrente des Verstorbenen, wird der Zuschlag begrenzt.

Achtung: Als Kinder, für die ein Zuschlag gewährt wird, werden leibliche Kinder, Adoptivkinder und Stiefkinder der Witwe bzw. des Witwers berücksichtigt.

Kinderzuschlag (Stand: 2024)

Kleine Witwen-/Witwerrente	**erstes Kind**	**zweites Kind**
alte Bundesländer	32,74 €	16,37 €
neue Bundesländer	32,29 €	16,14 €
Große Witwen-/Witwerrente	**erstes Kind**	**zweites Kind**
alte Bundesländer	72,03 €	36,02 €
neue Bundesländer	71,03 €	35,52 €

Anrechnung von Einkommen

Gleichzeitig erzieltes Einkommen wird auf die Witwen-/Witwerrente angerechnet. Berücksichtigt werden insbesondere Einkommen aus einer Erwerbstätigkeit, Erwerbsersatzeinkommen wie Arbeitslosengeld, Krankengeld oder Renten der gesetzlichen Rentenversicherung, Zinseinkünfte aus eigenem Vermögen, Gewinne aus Verkäufen, Miet- und Pachteinnahmen, Betriebsrenten, Renten aus privaten Lebens-, Renten- oder Unfallversicherungen und Elterngeld. Diese Einkünfte werden allerdings nur oberhalb eines bestimmten Beitrags zu 40 % auf die Rente angerechnet.

Achtung: Nicht als Einkünfte angerechnet werden unter anderem Erträge aus einer staatlich geförderten zusätzlichen Altersvorsorge, Bürgergeld, Sozialhilfe oder Wohngeld.

Einkommen wirkt sich auf die Witwen/Witwerrente nur aus, wenn ein bestimmter Freibetrag überschritten wird. Er beträgt aktuell (2024) monatlich 992,64 €. Für jedes Kind, das grundsätzlich Anspruch auf eine Waisenrente hat, erhöht sich der Freibetrag um aktuell (2024) 210,56 €.

Witwen-/Witwerrente im »Sterbevierteljahr«

Für die auf den Sterbemonat folgenden drei Kalendermonate wird die Witwen-/Witwerrente in voller Höhe der Versichertenrente gezahlt. Dieser erhöhte Rentenbetrag soll dem Berechtigten den finanziellen Übergang auf die veränderten Verhältnisse erleichtern. Während des »Sterbevierteljahres« wird das eigene Einkommen nicht angerechnet.

Rentenabfindung

Bei einer erneuten Heirat fällt die Witwen- oder Witwerrente weg. In diesem Fall wird einmalig eine Rentenabfindung gezahlt. Sie beträgt grundsätzlich das 24-Fache der Witwen- oder Witwerrente, die in den letzten zwölf Monaten durchschnittlich gezahlt wurde. Da die kleine Witwen-/Witwerrente höchstens 24 Monate gezahlt wird, wird der noch nicht verbrauchte Restbetrag bis zum Ende der Rentenlaufzeit ausgezahlt.

Simone Köhler erhält seit 1.10.2022 eine kleine Witwenrente. Am 30.9.2024 endet die 24-monatige Bezugsdauer. Frau Köhler heiratet aber am 2.5.2024 wieder. Damit hatte sie 20 Monate Anspruch auf ihre kleine Witwenrente. Ihre Abfindung beträgt somit das Vierfache der monatlichen Durchschnittsrente des letzten Jahres.

10.2.2 Waisenrente

Wenn Vater oder Mutter oder beide Elternteile sterben, unterstützt die gesetzliche Rentenversicherung Kinder, Jugendliche und junge Erwachsene in der Ausbildung mit Waisenrenten.

Eine Waisenrente können neben leiblichen Kindern auch Adoptivkinder und Stiefkinder bekommen, wenn sie im Haushalt des verstorbenen Stiefelternteils aufgenommen wurden. Der Anspruch setzt also voraus, dass sowohl eine räumliche als auch eine persönliche Bindung zwischen dem verstorbenen Stiefelternteil und dem Stiefkind bestanden hat. Nicht ausschlaggebend ist in diesem Zusammenhang die Adresse, bei der der verstorbene Stiefelternteil polizeilich gemeldet ist. Relevant ist vielmehr die tatsächliche Haushaltsaufnahme des Stiefkindes in den Haushalt des Verstorbenen.

Waisenrente wird regelmäßig bis zum 18. Geburtstag des Kindes gezahlt. Längstens bis zur Vollendung des 27. Lebensjahres kann die Waise die Rente bekommen: vorausgesetzt, sie absolviert eine Schul- oder Berufsausbildung, ein Freiwilliges Soziales bzw. Ökologisches Jahr oder leistet den Bundesfreiwilligendienst. Die Waisenrente wird auch gezahlt, wenn das Kind behindert ist und deshalb nicht selbst für sich sorgen kann.

Kinder haben nach dem Tod eines Elternteils Anspruch auf Halbwaisenrente, wenn noch ein unterhaltspflichtiger Elternteil lebt und der verstorbene Elternteil die allgemeine Wartezeit von fünf Jahren erfüllt hat.

Die Halbwaisenrente beträgt 10 % der Versichertenrente, auf die der Verstorbene Anspruch gehabt hätte oder die er bereits bezogen hat. Zur Waisenrente wird ein Zuschlag gezahlt, der sich nach den zurückgelegten rentenrechtlichen Zeiten des verstorbenen Elternteils oder der Eltern richtet.

Die Rentenzahlung beginnt mit dem Todestag des Verstorbenen, sofern er selbst keine Rente bezogen hat. War der Verstorbene bereits Rentner, beginnt die Waisenrente frühestens mit dem auf den Sterbemonat folgenden Monat. Bei verspäteter Antragstellung wird die Rente für nicht mehr als zwölf Monate rückwirkend geleistet.

Index

Z